JN438662

열매 맺지 못한 들깨

열매 맺지 못한 들깨

변양섭 수필집

수필과비평사

| 작가의 말 |

행복 찾기

70이라는 숫자는 결코 적은 숫자는 아니라는 생각이 문득 들었습니다, 때로 즐거웠던 일, 괴롭고 고통스러웠던 일까지 지나고 보니, 감사하고 행복한 일이었음을 알게 되었습니다. 살아오면서 언뜻언뜻 삶의 의미를 생각하게 되고, 날이 저물면 하늘의 새들도 둥지를 찾듯이 어떤 변화나 쓸쓸함이 올 때면 곧잘 고향을 찾곤 했습니다.

고향에는 내 마음의 안식처로 나의 유년 시절의 꿈이 남아 있습니다. 나를 키워주고 꿈을 꾸게 했던 고향을 찾으며 살아온 이야기를 꾸며 보았습니다. 지나간 어제와 달라지는 오늘을 보며 생각을 끌어내 보기도 했습니다.

취미로 민화를 그리고, 구피를 기르며 대화를 하고, 꽃을 가꾸고 사랑을 주고받으며 행복을 찾았습니다. 내가 부르기도 전에 나를 찾아오는 행복을 놓치지 않고 아름답게 만남의 결실을 이룬 것이 천만다행입니다.

행복은 부르기 전에 먼저 찾아왔습니다. 지나간 어제도, 지금 이 순간도 다가왔고, 돌아오는 내일도 언제나 내 곁에 머물러 줄 것입니다.

정말 쉽지 않은 글쓰기였습니다. 어려운 글을 쓰면서 느꼈던 행복! 행복은 나의 글 도처에서 꽃으로 피어납니다. 감사한 마음으로 살아가는 세상은 모두가 사랑입니다.

첫 번째 수필집 ≪아직도 사랑은 진행 중≫에 이어 두 번째 책을 낼 수 있도록 희망 주시고, 격려해 주시며 도움과 사랑을 주신 모든 분들께 감사합니다.

2017. 12. 1

변양섭

| 차례 |

2부

남편이 남기고 간 딸

3부

컴퓨터도 내 친구

4부

애기똥풀 속에 남은 사랑

5부

돌아온 모자

1부

사라져 가는 것들

홑청을 시치며

입추도 처서도 지났다. 뜨락의 귀뚜라미 소리, 아침저녁 서늘한 바람을 거느리고 성큼 가을의 문턱으로 발을 내디뎠다. 공기 중의 오물들을 다 씻어 낸 구김살 하나 없는 맑은 날씨가 마치 풀을 잘 먹여 손질해 놓은 옥양목 같다.

이렇게 맑은 날을 그냥 보내기엔 아깝단 생각이 들었다. 여름 동안 덮었던 이불을 꺼내어 빨기 시작했다. 한꺼번에 빨려 하니 그 양이 만만치 않다. 세탁기를 몇 번이나 돌렸다. 농 안에서 꼭꼭 쌓여 숨죽이고 있던 솜이불을 내다 널었다. 빛이 곱고 맑고 깨끗하다. 우리 식구들은 화학솜보다는 목화솜이불을 좋아한다. 햇빛을 쏘이면 숨죽였던 솜이 다시 부풀어 오른다. 푹신하고 따사로움은 목화솜이 가진 제일 좋은 장점이다. 겨울엔 몸에 착 안겨 바람을 막아 주는 느낌이 포근한 어머니 품 같은 목화솜의 진가를 요즘 사람들은 잘 알지 못한다. 예쁜 꽃을 피우고, 열매가 익어 벌어진 하얀 목화송이가 꽃보다 더 아름답다는 생각이 들게 한다. 요즘 아이들은 목화를 잘 알지 못한다. 딸을 시집보내기 위해 이불솜으로, 겨울에는 몸의 체온을 유지하기 위해, 무명옷에 솜을 놓기 위하여 심었던 목화였으나 이제는 대체섬유의 발달로 재배하는 곳이 거의 없기 때문이다.

맑은 날씨는 나를 할머니 품으로 착각 하게 만든다. 할머니께서는 명절이 돌아오면 늘 덮었던 이불을 깨끗하게 빨고 손질을 해 놓으셨다. 고향을 찾아오는 자손들에게 깔끔하게 손질해 놓는 이불을 주기 위한 정성이다.

홑청을 푹 삶아 하얗게 햇빛에 바래고 빳빳하게 풀을 먹여 약간의 물기가 있을 때 귀를 맞추어 잘 갠다. 너무 말랐다 싶을 때면 물 한 모금 입에 물어 푸푸 뿜어가며 꼭꼭 밟아서 다듬이질을 한다. 또드락또드락 마주 앉아 장단을 맞추며 정갈하게 쪽찐 할머니 앞에서 손녀는 힘에 부치는 다듬잇방망이를 들고 맞추어 보려 애를 써 보지만 역부족이다. 다림질해 놓은 것보다 더 반질반질한 홑청을 넓은 대청에 펴 놓고 앉아 이불을 꿰맨다. 한땀 한땀 이불을 꿰매어 가시는 할머니 앞에 손녀는 이불 위를 데굴데굴 구르며 신바람이 난다. 귀찮다 하면서도 귀엽게 바라보시는 할머니 얼굴엔 환한 미소가 흐르고 있다.

조부모님 내외분만 사시는 게 안쓰러운 부모님은 막 말을 배우는 어린 딸을 말벗으로 남겨 두고 아버지의 직장을 따라 나가신 것이다. 할머니 앞에서 조잘대는 손녀는 할머니의 마음을 사로잡을 만했고, 외로움을 달래 드리기 충분했다. 홑청을 다 시치고 한옆에 차곡차곡 쌓여 있는 모습은 보기만 해도 흐뭇하다. 뜀틀처럼 쌓여 있는 이불 위가 왜 그리도 좋던지 올라갔다 내려왔다 미끄럼을 타며 흐트러뜨리기 일쑤였다. 지금도 홑청을 시칠 때면 어릴 적 할머니의 모습이 가끔 떠오른다.

이불 문화도 많이 바뀌어 가고 있다. 우리의 온돌보다는 가스보일러가 놓이고, 심야 전기가 들어왔다. 침대를 사용하는 사람들이 많아졌다. 그러다 보니 온돌방의 한실 이불보다는 흔히 침대 커버 침대 이불을 사용하게 된다. 혹여 한실 이불을 사용한다 하더라도 풀을 먹이지 않고 다듬질은 할 필요가 없는 천이 태반이다. 홑청을 시치는 일이 아니라 뒤집어씌워 지퍼를 닫으면 끝이 난다.

지금은 까끌까끌한 옛날의 옥양목, 광목 홑청을 찾아보기란 쉬운 일이 아니다. 처음 이불 속으로 들어갈 때 차가운 게 싫다고 어리광부리는 손녀를 위해 할머니께서 미리 들어가 데워 놓은 후에야 들어가곤 했다. 그 서걱거리는 소리가 그땐 싫었다. 이제 와서 산뜻하고 상큼했던 맛이 그리운 것을 보면 그만큼 나이를 먹은 셈이다. 풀을 먹여야 하고, 손질해야 하고, 시침질까지 하자면 많은 시간이 필요하다. 힘들고 바쁜 세상에 시간을 절약하기 위해서 쉽게 씌울 수 있는 홑청이 필요하긴 하다.

홑청을 시치는 시대는 지난 것 같다. 여태껏 예전의 홑청을 선호하는 건 나만의 고집인지도 모른다. 햇살 고운 맑은 하늘 아래 미소를 짓고 계시는 할머니와 손녀의 다정한 모습이 클로즈업되어 아른거린다. 한겨울 솜이불의 묵직함이 가족의 끈끈한 정과 사랑을 보듬고 있는 듯하다.

열매 맺지 못한 들깨

가을이다. 불타오르는 단풍, 빛을 받아 더욱 밝게 빛나는 샛노란 은행잎을 보며 막바지 가을 속으로 점점 빠져들고 있다. 한여름 푸름 속에서 이맘때면 예쁜 색으로 탈바꿈하는 게 자연의 순리인데도 신기한 느낌이 든다. 겨울을 재촉하듯 스산한 바람이 불고, 가로등 불빛 아래 우수수 떨어지는 나뭇잎을 보면 가슴이 아려온다.

내 인생의 옷을 벗어 버리고, 알몸으로 벗겨진 나를 본다. 나무 아래 무드럭지게 떨어져 특유의 냄새를 풍기며 밟힌 은행이 많다. 고급 음식의 고명으로 꽤 인기 있고 기침과 소변 조절에 민간요법으로 쓰이던 은행이다. 요즈음은 그 가치를 떠나 괄시를 받고 있다. 고약한 냄새 때문인가 보다.

더는 매달고 있지 못하고 어쩔 수 없이 떨어내고 나목만이 춥게 서 있다. 버려야 새로운 것을 얻을 수 있는 우리네 인생처럼 다음 해의 새로운 시작을 위해 빈 몸으로 겨울을 나야 하는 거다. 이별은 또 다른 희망이요, 기다림이라 했다. 막연해지는 허탈감 속에 새로운 시작을 위해 저렇게 모두 버리고 나면 새로운 가슴앓이를 채울 것이 생겨나겠지.

만추의 계절 속에서 옛 생각이 나 무심코 고향을 찾았다. 고향의 가을 정취에 흠뻑 취하고 싶다. 내 마음 안에 남겨진 향수 같은 것을 캐내고, 철 지난 냉이도 캐고 싶었다. 무언가 남아 있는 것을 찾아내어 나름대로 가을걷이를 하고 싶었다.

버스에서 내려 개울을 끼고 한참을 올라가면 동네서 제일 끝자락 산 가장 가까운 곳 친정집에 도착했다. 붉은 맨드라미가 수탉 벼슬처럼 피어 있고, 어쩌다 핀 장미가 나를 반긴다.

마당에서 들깨를 털고 있는 질부가 보인다. 어스름 땅거미가 지는 고향은 언제 가 보아도 정겨운 곳이다. 수건을 머리에 두르고 들깨를 털고 있는 질부가 한 폭 밀레의 그림처럼 아름답다. 나는 힘든 일은 싫어하지만 감자도 심고, 고구마도 심으며 각종 채소를 가꾸며 시골에서 살고 싶다. 도시의 우리 집 차고 위 작은 공간에도 스티로폼 상자에도 흙을 담아 상추를 가꾸고, 오이 넝쿨을 올리며 이것저것 식물을 가꾸기는 내 취미다. 이런 것이 시골 고향에서 몸에 밴 덕분이다. 집 옆 텃밭에 냉이라도 보일까 천천히 주위를 살피며 텃밭으로 향했다.

막새바람이 분다. 바람을 타고 따라갔나? 시골의 어둠은 도시와 달리 순식간에 찾아온다. 냉이가 잘 보이지 않는다.

포기하고 돌아서는 내 앞에 의외의 광경이 펼쳐진다. 내 키보다도 더 큰 들깻대, 열매는 하나도 보이지 않고 잎만 무성하다. 이건 뭐야, 열매 맺을 생각도 하지 않고, 왜 이렇지? 그 옆에 있는 콩도 열매는 없고 푸른 잎만 소복하다. "얘들은 왜 이래?" 내 질문에 질부는 가로등 때문이란다. 낮이고 밤이고 빛을 받기 때문에 열매 맺을 겨를도 없이 키만 큰다는 것이다. 식물도 사람처럼 낮과 밤을 주어야 생체 리듬을 타는데, 잠을 자고 쉴 수 있는 시간이 필요한데…. 사람처럼 생각할 능력이 있었더라면 그 나름대로 피해 쉴 수도 있었을 터이지만, 그들은 생각할 능력도 대처할 힘도 없다. 그냥 자꾸 키워야 하는 게 제 임무인 줄 알고 이렇게 키만 커 가고 있는 것이다. 바로 이웃한 콩도 마찬가지로 아직 한여름처럼 파란 잎만 무성하게 자라고 열매를 맺지 못하고 있다. 서리를 맞으면 다 쓸 수 없다며 필요하면 잎이라도 따 가란다.

해마다 밑반찬으로 많이 만들어 다른 사람들과 나누던 깻잎 반찬이었다. 올해는 차일피일 미루다 때를 놓치고 만들지 못했다. 잘되었다 싶어 날이 더 어둡기 전에 열심히 비닐봉지에 하나 가득 따면서 숱한 생각의 늪 속으로 빠져든다.

참 우리 인간은 순리를 저버리는 일을 많이 하고 있다. 문명의 발달로 이렇게 식물이 낮과 밤을 구별하지 못해 열매를 맺지 못하게 만든다. 고의든 우연이든. 알을 많이 낳게 한다고 밤에도 양계장에 계속 불을 밝힌다. 유전자 조작으로 옥수수며 콩, 호박 등 과일도 크게 많이 생산하는 데만 골똘한다. 멀쩡한 산을 깎아 건물을 세우고, 골프장을 만들어 농부들의 마음을 아프게 하고, 잘 흘러가는 물줄기를 바꾸어 재앙을 자초하기도 한다. 어디 그

뿐인가. 항상 재해를 입고 난 후면 인재냐 자연재해냐 놓고 입씨름을 하는 것을 보며 어쩌면 우리 인간들이 자신의 이익만을 생각하느라 자연의 순리를 거슬렀기 때문이 아닌가. 자연은 자연 그대로 우리를 맞을 수 있을 때 그들도 행복하지 않을는지.

지나간 삶의 굴레 속에서 벗어나 또 다른 나만의 행복을 위한 이기심은 자연에 얼마나 막심한 해코지를 하는지 인위적인 사람의 행위를 다시금 원망해 본다.

어둑어둑 어두워지는 고향 밭둑에서 그리움 내려놓고 내일을 걱정한다.

사라져 가는 것들

가끔 어딘가 훌쩍 떠나고 싶으면 어느새 발길은 고향으로 향한다. 언제 찾아도 어머니 품속같이 따뜻하고 포근한 고향은 유년시절의 소박한 추억을 간직한 채 반긴다.

정남향인 집 뒤로는 야트막한 산이 병풍처럼 드리우고 앞에는 맑은 시냇물이 흐르는 소리며 뒷산에서는 아름다운 새소리가 들려온다. 청솔가지를 흔들어대는 청솔 바람 소리 자연의 소리와 함께 유년의 꿈을 키우며 성장했다. 늙은 소나무는 거북등처럼 갈라져 굳어진 껍질을 드러내놓고 뒷동산 한가운데서 우리 집을 지켜주듯 내려다보고 있다.

해마다 단오가 가까워지면 동네 어귀의 왕버들 굵은 가지에는 내 팔뚝보다 더 굵은 그넷줄이 매어졌다. 어린 마음에 저 그네를 타고 하늘 끝까지 올라갈 것만 같아 힘껏 발을 구르던 기억이 아련하다.

나이가 들어가니 왜 그리 그리워지는 게 많은지 모르겠다. 성치 않은 몸으로 병실에 누워 있을 때는 더욱 그랬다. 고향이 그리웠다. 사실 고향만 그리운 게 아니었다. 어머니가 그리웠고 들녘을 누비며 함께 뛰놀던 옛 친구가 자꾸만 눈에 밟혔다. 맑은 시냇물도 그립고 뒷산의 노송도 보고 싶고 마을 앞 왕버드나무도 떠올랐다.

얼마 전 찾아간 고향은 이미 예전의 고향이 아니었다. 졸졸졸 흐르던 시냇물은 보를 막아 놓았다. 고인 물은 금방이라도 악취가 풍길 듯 오염돼 있었고, 드러내 놓은 밑바닥은 풀만 무성했다. 예나 지금이나 같을 것으로 생각했던 뒷동산도 많이 낮아져 있다는 느낌이 든다. 내 성장의 크기에 반비례하여.

추억 속에 남아 있는 옛것들이 그리워짐은 속절없이 가버리는 시간 때문만은 아니리라. 붙잡을 수 없는 세월은 이 시간에도 끊임없이 흘러가고 유년의 아스라한 추억은 점점 기억에서 멀어져간다. 고향도 예전의 모습이 아니다. 정겨운 풍경이었던 밀짚모자를 삐딱하게 쓰고 바짓가랑이를 걷어 올린 농부도, 논밭을 갈던 쟁기도, 소도 보이지 않는다. 길게 띄워놓은 줄에 흥겨운 가락에 맞춰 줄 모를 심던 풍경도 없어졌다. 두레박을 끌어 올리던 우물이며, 찬 샘물이라며 산속의 작은 옹달샘에서 똬리 위에 물동이를 이고 출렁거리는 물을 손으로 훔치던 아낙의 모습도 볼 수가 없다.

새벽잠을 깨우며 '와랑와랑' 들리던 탈곡기 소리는 풍성한 수확을 바라보는 어린 마음도 괜히 신바람이 났다. 벼 이삭이 사방으로 튀어 타작마당을 지나기만 해도 먼지를 뒤집어쓰고 부서진 벼 껍질 잔해가 날아들어 껄끄러웠지만 그래도 타작 소리와 사람이 모여 시끌벅적한 풍경이 좋았다.

마당 가득 모인 동네 어른들의 모습에서도 풍년의 기쁨을 보았다. 먼지를 뒤집어쓰고 풍구질을 하면서도 모두 즐거워했다. 큰 것을 바라지 않던 소박한 마음이었기에 여유와 넉넉함으로 정을 쌓을 수 있었으리라.

일꾼들을 위해 광주리에 이고 온 새참은 얼마나 꿀맛이었던가. 엄마를 따라 무거운 술 주전자를 두 손으로 잡고 낑낑거리며 따라갔다. 요즘은 새참도 짜장면 한 그릇으로 요기를 하고 빨간 오토바이로 논둑 밭둑을 달려온 다방 아가씨의 커피를 마신다. 너무도 달라진 농촌풍경이다.

농기계의 발달로 밭갈이며, 모내기에서 탈곡까지 기계화로 큰 변화가 있다. 그만큼 간편하고 편리해졌으니 일손이 모자라는 농촌으로서는 얼마나 다행한 일인가. 급속도로 바뀌는 변화 속에 합류하지 못하고 아직도 옛것을 그리워하고 있음은 어찌 생각해 보면 답답한 일이 아닐까 싶다.

힘든 농사일이 싫어 대부분 젊은이가 고향을 떠났다. 그러다 보니 어린애 울음소리를 듣기가 어렵다. 찾아보는 고향은 쓸쓸함만 묻어난다. 60대가 젊은이로 사는 고향, 잡초만 무성하게 자라고 있는 버려진 묵밭이 많다. 흉물스러운 폐가 또한 자꾸 늘어난다. 품삯에 비료, 농약값을 제하고 나면 남는 게 없다. 손해를 보지 않으면 그나마 다행이다.

산업화, 정보화시대를 사는 부모도 아이들도 불행하다. 아이들은 몇 군데의 학원에 다녀야 하고 높아진 사교육비에 맞벌이 부부가 늘어난다. 부모가 집을 비운 만큼 아이들의 가슴도 비어 있지나 않은 건지…. 나의 유년시절처럼 자치기, 사방놀이, 고무줄놀이에 시간 가는 줄 모르다 어둑어둑 땅거미 지고야 엄마가 부르는 소리에 집으로 뛰어가는 그런 아이들이 보고 싶다.

돌아보니 아득하게 사라져 가고 잊혀 가는 것들이 참으로 많다. 변하지 않는 건 하나도 없다지만 자꾸만 옛것이 그리운 걸 보면 내 나이도 적지 않다는 증거이다. 그래, 잊혀 가는 것들은 자연스럽게 잊자. 먼 길을 떠날 때 가지고 갈 것들은 하나도 없다는데.

쑥을 뜯으며

모처럼 한가한 시간을 갖게 되었다. 봄 향기를 맡고 싶어 꽃 잔치에 동참하고파 바쁜 시간을 쪼개어 드디어 오늘 시간을 내었다.

파릇파릇 돋아나는 새싹들이 나를 유혹한다. 친한 친구 셋이 함께 간단한 간식거리를 싸서 나들이하는 기분으로 쑥을 뜯으러 가기로 했다.

해마다 봄이 되면 잊지 않고 쑥을 뜯어 쑥버무리, 쑥개떡을 쪄먹던 일을 거르지 않고 몇 년째 계속해 왔다. 쌀을 물에 불려 쑥을 섞어 빻아다 반죽을 한다. 오래 치댈수록 쫄깃한 맛을 더해 팔이 아프도록 열심히 치대어 한 번 먹을 수 있는 분량만큼 뭉쳐 하나씩 비닐 팩에 넣어 쌓아 놓는다. 보기만 해도 흐뭇하다. 그뿐인가. 찹쌀과 섞어 방앗간에서 인절미로 만들어 굳기 전에 냉동시켜 놓으면 언제든지 일이 있을 때마다 녹여 쓸 수 있다. 한식 때 산소에 갈 때라든가, 여행 갈 때, 어떤 모임에 가끔 녹여 쑥개떡을 해 가거나 고물을 묻힌 쑥인절미를 해서 가지고 가면 인기 최고이다. 거기에 내 솜씨까지 인정을 받으니 어깨가 으쓱해지기도 한다. 쑥을 뜯는 계절이 아님에도 색다른 떡을 먹을 수 있음도 흐뭇하다. 향긋한 쑥 냄새를 맡을 수 있음도 또한 즐거움이다.

어릴 때, 들에서 손에 상처가 나면 쑥을 뜯어 상처를 싸맸던 일이 생각이 난다. 위에 염증이 있을 때나 속이 냉하거나 간 기능이 약할 때에도 쑥을 계속 끓여 먹으면 효과가 좋다. 약이 흔하지 않을 때 민간요법으로 효능을 알고 사용했음은 오랜 경험에서 터득한 것이다.

나는 이 향긋한 쑥 냄새를 좋아한다. 봄 냄새다. 이 쑥의 향은 그대로 농촌의 향이요, 맛이다. '샤넬 넘버 5'만 향기로운 것이 아니다.

그 기쁨을 생각하며 쑥을 많이 뜯어서 쑥버무리를 해 나누어 먹고 전처럼 삶아 쑥떡 재료로 냉동실에 그득 쌓아 놓아야겠다. 남으면 인절미도 해 두어야지 생각하며 오늘을 기다렸다.

한 친구가 '묵밭이 있어 깨끗하고 쑥이 많다'고 하여 청주역 근처로 향했다. 말과는 달리 밭을 곱게 갈아 로터리를 쳐 놓은 것이 아닌가. 안내한 친구도 우리도 당황했다. 다른 곳으로 가기도 그렇고 어쩔 수 없이 밭둑을 돌며 주변에 남아 있는 쑥을 뜯기 시작했다. 따스한 봄볕을 등 뒤로 느끼며 쪼그리고 앉아 나물을 뜯는 일은 다리가 아픈 나로서는 예삿일이 아니었다. 벌써 나물 뜯는 일도 힘이 들다니 서글퍼지는 마음을 어쩔 수가 없다.

가져간 비닐을 깔고 털퍼덕 앉을 수밖에 없었다. 찻길이지만 별로 차가 다니지 않아 좋았다. 향긋한 쑥 향이 내 마음을 설레게 한다. 아직 어리지만, 쑥국을 끓여 먹기엔 안성맞춤이다.

쑥 뜯을 욕심으로 가긴 했지만 어쩌겠는가. 쑥밭을 갈아 농사지을 준비를 해 두었으니 다행한 일이지 그대로 묵혀두면 땅이 얼마나 아까운가. 놀려서 잡다한 몹쓸 풀들만 품고 있으면 그들도 그렇게 즐겁지만은 않을 것이다. 농촌에서 자란 나는 묵밭만 보면 늘 아깝다는 생각을 해 왔다. 차가 있고 운전을 할 줄 안다면 무언가 나라도 심고 가꾸고 싶다는 생각을 해왔던 터였다. 쑥을 뜯을 수 없음이 안타까운 게 아니라 농사지을 준비가 돼 있는 것이 참으로 다행한 일이란 생각이 든다.

밭 주변을 돌며 그래도 한 번 먹을 것은 뜯었으니 차에 올라서로 챙겨온 간식을 나누었다. 말은 없었어도 나름대로 간식 준비를 해 왔다. 시원한 들에서 간식을 나누며 콧바람을 쐬니 나들이 온 기분이다.

이번에 뜯은 쑥은 너무 조금이라 국을 끓여 먹기로 했다, 지리를 잘 아는 곳이 없으니 다음에는 지리를 조금이라도 알고 있는 내가 근무하던 꽃동네 사회복지대학교로 향하기로 마음먹었다. 3년간 내가 근무하며 식사 후나 휴식시간이면 운동 삼아 갖가지 나물, 싸리 순이며 뽕나무 잎을 따고, 달래를 캐기도 하고, 미나리를 뜯고 쑥을 뜯기도 했던 곳이다. 그러니 어느 정도 자신할 수 있는 곳이다. 많이 뜯어서 쑥버무리도 하고, 살짝 쪄 말려서

쑥차를 만들어 끓여 먹으며 건강을 유지해야지. 웰빙 음식으로 쑥이 내 건강을 지켜 주리라 기대한다.

김치 담그는 날

첫눈치고는 꽤 많은 양의 함박눈이 새벽부터 펑펑 쏟아지고 있다. 아름답다. 눈을 맞으러 나가고 싶다. "너는 아직도 감성이 남아 있니? 난 귀찮을 뿐인데…." 하던 친구 생각이 난다. 그 친구는 철든 어른 같았고 나는 늘 어린애 같았다. 너무 단순하고 어른스럽지 못한 것은 아닌지 걱정하는 내게 사람들은 순수하다고 한다. 때로는 바보 같다는 생각이 들 때도 있지만 내 성격이다.

첫눈이 오던 날 내겐 불태우지 못한 멋진 사랑이 아직 남아 있다는 생각이 들곤 했는데 지금 내 가슴속엔 온통 사랑으로 타오르고 있지 않은가? 사랑한다는 것은 내게 희망이고, 꿈이고 미래이다. 그 꿈이 내게 힘을 준다. 민화를 그리는 것도, 이렇게 글을 쓰고 있음도 아직 내게 남아 있는 사랑 때문이다. 삶의 모든 것은 내겐 살아가는 의미고 용기고 자신감이다.

소복하게 쌓이는 눈을 보며 아! 아직 김장을 못했는데 어쩌나. 감상에 젖어들기보다 먼저 걱정이 앞선다. 해마다 음력 정월이면 아들 며느리가 함께 장을 담그고, 11월 중순이 지나면 담그던 김장을 아직 하지 못하고 있으니 걱정이 될 수밖에 없다. 아이들이 오면 된다. 아이들이 다 해 줄 터인데 무얼 걱정하고 있나. 아이들에게 무엇을 해 먹일까, 그것이나 생각하자. 한 끼는 아귀찜을 하자. 감자탕을 끓이고, 김장하는 날 점심은 돼지고기 수육을 먹자. 아이들 오기 전에 묵은지로 만두도 만들자. 생각만으로도 가슴 벅차다. 내 가족을 사랑하고, 내 이웃을 사랑하며 미움을 없애려고 노력하는 내 삶에서 첫눈이 오는 이 아침에 내게 남은 사랑이 이것이었구나. 해도 해도 끝없는 사랑, 주어도주어도 또 주고 싶은 사랑.

아들 며느리 딸 사위, 손자들까지 모두 모여서 하는 김장이고 보니 아이들 계획에 맞출 수밖에. 그러다 보니 오늘까지 미뤄온 것이다. 휴일이면 언제나 올 수 있는 날이 아니다. 손자들이 초등학교 입학하고 방과 후 학습에 학원까지 가야 하다 보니 시간 내기가 그렇게 녹록지 않은가 보다. 점점 집에 오는 횟수가 줄어들고 있다. 모든 일정을 손주들 시간에 맞추어야 하기 때문이다.

갑자기 날은 추워지고 눈까지 오고 있으니 걱정만 앞섰는데 이 작은 걱정이 사랑이었다니 피식 웃음이 나온다. 사 먹으면 되지, 편하게 생각하면 그만이겠지만 우리 아이들은 함께 모여 김장하는 것을 좋아한다. 절임 배추를 사 버무리기만 하면 편하겠지만 직접 절이고 행군 게 훨씬 더 맛이 있단다. 하긴 끝까지 변할 수 없고 내려놓을 수 없는 사랑으로 버무린 김장이 어디 남의 손을 빌린 김치와 비교할 수 있겠는가. 하루도 빠짐없이 안부를 걱정해 주는 자식들의 사랑까지 가미된 우리 김치 맛을 따라올 수 없었을 것이다.

단독 주택에 살면서 아파트에 사는 자식들이 이런 기회에 모이기도 하고, 화목을 다지기 위해 장소와 재료는 제공해 주기로 마음먹었다. 오순도순 배추를 다듬고 가르는 일은 두 아들이 맡는다. 소금에 절이는 일은 며느리와 딸이 하고, 씻는 것 하며 무채 써는 것 또한 남자 여자 가리지 않고 함께한다. 양념과 무채와 채소들을 이리저리 골고루 섞어 김치 소를 만드는 일은 특히 남자의 힘이 필요하다. 무채랑 갓과 갖은 양념 고춧가루, 마늘과 쪽파, 미나리, 젓갈과 생새우 등 미리 끓여놓은 육수까지 골고루 섞어 김칫소를 만든다. 이런 사람 저런 사람 서로 다른 성격의 사람이 섞여 아름다운 세상이 조화를 이루듯 함께 어우러진 김장은 그대로 작은 축제장이다. 그 중에서도 맛난 소를 노란 배추의 연한 속고갱이에 싸 먹어보는 맛은 일품이다.

때로는 손주들이 성장하여 저희도 함께하겠다고 커다란 고무장갑을 끼고 대들며 김장하는 날을 고대하고 있으니 그만둘 수가 없다. 솔직히 여기저기 양념을 묻혀놓고 일만 더 만들어 놓는 것이 귀찮기도 하지만 말릴 수가 없다. "뭐니 뭐니 해도 '엄마표' 김치가 최고예요." 하며 배추김치, 총각김치, 깍두기, 동치미 등 여러 가지 김치를 딸과 두 며느리가 치켜세우며 각자 가져온 그릇에 직접 담아 간다. 공연히 어깨가 으쓱해지며 흐뭇하기도 하다. 이것이 사랑이고 행복이라 생각하고 내가 힘 있을 때까지는 지금처럼 할 것이다.

김장을 모두 함께하는 행복, 배추처럼 옹골차게 속이 꽉 찬 가족 사랑, 함께 모여서 음식을 하는 공동체 행사가 큰 가족애를 만들고 있다. 서로 사랑하며 비둘기처럼 모여 머리를 맞대고 담그는 김장, 이 맛이야말로 진정 달콤한 사랑의 맛이다.

• 우리나라의 '김장, 김치를 담그고 나누는 문화'가 인류무형문화유산으로 2013년 등재되었다.

송편 빚기

어려서는 날수를 세며 기다리던 추석이다. 어느 날부턴가 귀찮아지기 시작했다. 누구는 화살처럼, 누구는 유수와 같다는 세월, 나이 들어갈수록 실감이 간다. 살아온 세월만큼이나 변해가는 세상 안에서 내 생활의 변화도 참 많다. 명절이 되면 다른 집은 식구들이 모여 조용하던 동네가 왁자지껄 시끄러워진다. 우리 집은 딸을 시집보내고, 식구가 다 모여야 두 아들과 달랑 셋이서 보내는 명절이 너무 쓸쓸해서 더욱 싫었다.

불과 10년 남짓 세월이 흘렀는데 손자, 손녀가 여섯이나 되고 아들딸 며느리 사위까지 명절이면 13명 대가족이 된다. 아들 며느리 손자, 손녀들이 오고 북적이는 추석맞이가 시작되는 셈이다. 전에 느껴보지 못했던 변화다. 아이들이 마냥 예쁘고 보기만 해도 행복한 지금은 북적북적 살맛이 난다. 손자들이 오면 좋고, 가면 더 좋다는 핵가족화 된 요즘이다.

우리가 새댁시절엔 아니 지금도 친정은 갈 생각도 못 했고 기껏해야 잠시 인사로 다녀올 뿐이었다. 요즈음 젊은이들은 다르다. 시댁이나 친정이나 다 같다고 생각을 한다. 옛말에 처가와 뒷간은 멀수록 좋다 했는데 시댁에 가면 으레 친정도 다녀와야 하는 동등성, 어찌 보면 현명하게 살아가는 젊은이들이 아닌가. 자식을 낳아 키울 때는 아들이나 딸이나 애지중지 차별 없이 키웠다. 출가외인이란 말은 옛말이 되었다. 사위를 보면 아들을 하나 얻는 것이요. 며느리를 보면 아들을 잃는 것이란 말이 현시대에 맞는 말인 것 같다. 아들 가진 부모는 서운할지 모르지만 변해가는 요즘 세상에 맞는 말이 아닐까. 마누라가 예쁘면 처가 말뚝 보고도 절을 한다는 말이 맞는 말이 아닌가 싶다.

며칠 전 방송에서 시어머니가 며느리에게 하는 말 중에 가장 인기 있는 말 첫 번째가 "요번 추석에는 오지 말고 집에서 쉬어라." "친정에 빨리 가라."는 말이란다." 며느리가 시어머니 눈치를 보는 것이 아니라 시어머니가 며느리 눈치를 보아야 하는 세상 아닌가. 남녀가 평등한데 시댁에만 가야 한다는 것은 현실에 걸맞지 않은 것 같아 나도 늘 빨리 가라 권한다. 그렇게 해 놓고 막상 다 떠나고 나면 허전하고 텅 빈 집에 동그마니 남은 내가 싫어질 때가 많다.

힘들게 추석을 보내고 친구와 전화를 하다가 옛날이야기가 나왔다. 요즈음 젊은이들이 싫어하는 말 중 하나가 예전에는 어땠는데 하며 지난 일들과 비교하는 것이라 했다. 전에 우리는 무슨 일이 있거나 항상 시댁이 우선이었다. 남편은 직장에서 퇴근한 후 천천히 오고 우린 먼저 시댁에 가야 했다. 승용차가 어디 있었는가. 아이들 셋 이끌고 짐을 꾸려 버스를 타고 조금이라도 빨리 시댁에 가서 일하기에 바빴다. 요즈음 그런 사람들이 어디 있는가. 남편이 퇴근하고 모두 승용차에 태우고 온다. 한 집에 두세대 씩 있는 승용차이고 보니 항상 귀향길은 차가 도로를 메우고 평소의 몇 배씩 시간이 걸린다. 그런데도 대중교통을 이용하는 사람들은 소수에 불과하니 말이다.

점점 편해지는 세상, 아니 불편한 것을 견디기 힘들어하는 세상이고 보니 제사 음식을 만들어 파는 곳도 많다. 나도 가끔 사다 쓰면 편할 텐데 생각이 들 때가 있다. "얘들아, 송편을 사서 쓰면 어떻겠니?" 묻는 내게 돌아오는 대답은 "아니요. 어머니, 집에서 만들어요. 아이들에게 추억거리도 되고, 학교에 가면 얘깃거리도 돼요." 결국은 올해도 송편을 만들기 시작했다. 가루에 물을 넣고 뭉칠 때 손자가 묻는다. "할머니 물은 왜 넣는 거예요?" "그것은 이렇게 가루로는 만들 수 없고 뭉쳐져야 만들 수 있기 때문이지."

송편을 만들겠다고 네 명의 손자 손녀가 모여들었다. 토끼도 만들고 사자도 만든다. 이 토끼는 열이 많이 나서 열 파스를 붙여야 한다며 작은 조각을 떼어 머리에 붙이기도 하는 아이들을 보며 생각이 있고 창의성이 보이는 것이 대견스럽다. 아이들이 함께 하겠다고 대들면 귀찮기도 하고 터치고 흘리고 엉망으로 만들어 놓고 만다. 이것이 보람이지 생각은 하면서도 은근히 아이들이 빨리 싫증을 내고 손 놓겠지, 하지만 아이들은 재미로 송편을 빚는다. 서로 자기들이 만든 송편을 찾을 것 같아 아이들이 만든 송편을 따로 찾기 쉽게 쪄 놓는다. 예상대로 내가 만든 것 어디 갔지? 서로 자기가 만든 것을 찾곤 했다.

빨리 떡을 만들고 싶다는 아이들이다. 언제부턴가 제대로 만들지도 못하면서 떡을 만들겠다고 대드는 아이들도 그렇고 할 일이 많아 떡을 맞추자고 했다. 아침 수저를 놓기가 바쁘게 송편을 만들겠다며 재촉하는 아이들 때문에 또 쌀을 빻아 놓았다.

송편을 만드는 아이들 솜씨가 작년과 완연히 다르다. 작년만 해도 귀살쩍게 만들더니 오 학년짜리는 아주 예쁘게 만드는 품이 어른 못지않다. 동생들도 저희 송편과 비교가 되는지 “언니 우리 분담하자. 언니는 예쁘게 만드니까 마지막 모양 만들고, 나는 소를 넣어 줄 테니, 작은 언니는 꼭꼭 주물러서 큰언니가 모양을 만들도록 하자.”며 송편을 만들기 시작했다.

작은 손으로 어른처럼 예쁘게 만드는 손녀들을 보며 한껏 칭찬해 주었다. 제법이다. 큰아이는 요리사가 되겠다며 제 엄마가 없어도 아이들 데려다 간단히 만들 수 있는 케이크도 만들어 주고 설거짓거리를 잔뜩 만들어 놓는다며 며느리는 귀찮아하지만 그래도 참 기특한 손녀다.

한 시간쯤 하고 나더니 자리를 뜨는 아이들이다. 어른처럼 인내력은 없지만, 송편 빚은 추억은 남아 있을 터다.

내 유년시절 오학년을 돌이켜 본다. 곱게 손질해서 꾸며 놓은 한복을 입고 치맛자락 펄럭이며 달랑쇠처럼 앞마당에 나가 사내 아이들과 어울려 철없이 뛰어놀기만 했다. 송편은 어른들 몫이었다. 나와 지금 아이들을 비교해 볼수록 격세지감을 아니 느낄 수가 없다.

갓김치

어제 마트에 갔다. 가끔 할인 판매하는 것이 있으면 핸드폰으로 문자가 온다. 정보화 시대 상술의 하나로 미끼 상품을 던져놓고 사람의 심리를 이용해서 다른 것까지 팔기도 한다. 대부분 이왕 간 김에 평소 필요했던 것을 사게 마련이다. 때로는 의외로 싼 물건이 있어 구입하기도 하며 이 마트를 찾곤 했다.

성당에서 돌아오는 길, 교우 몇 사람과 마트에 들른다. 가격을 할인해 팔고 있는 돌산 갓이 싸기도 하지만 아주 실하고 깨끗했다. 그것도 넉 단밖에 남지 않았으니 주부의 욕심이랄까 갓김치를 담그고 싶다. 평소 다른 일은 별로 하고 싶지 않아 게으름을 피우거나 미루기를 잘 하는데, 김치 담그기나 음식 만드는 것을 취미 삼아 즐기고 있는 나다. 그 유혹을 물리치지 못하고 두 단이나 사 놓았다.

나는 갓김치를 즐겨 먹는다. 쌉싸래한 맛이 발효될수록 그 맛이 특이하고 향이 배추김치와는 다르다. 너무 오래 두면 잎이 누렇게 뜨거나 줄기가 질겨진다. 외출했다가 저녁 늦게 들어와 다듬고 씻어 절여 놓았다. 밤에 담글 수도 없을 것 같고 아침까지 소금을 뿌려 두자니 절이는 소금을 나우 뿌렸다가는 시간이 길어 너무 짤 듯하다. 소금을 다른 때보다 적게 뿌린 것이다. 아침에 갓이 덜 절여져서 숨이 죽지 않았다. 갓은 양념을 버무릴 수가 없을 정도였다.

짠 음식이 해롭기도 하고, 짠 음식을 좋아하지 않기에 지난밤 되도록 짜지 않게 하려다 보니 소금을 너무 적게 뿌린 탓이다. 모든 것은 적당히 잘 맞추는 게 중요하다. 너무 지나쳐도, 부족

해도 안 되는 우리의 삶과 같이 넘치는 게 모자람만 못하다고 했지만, 얼마나 소금을 적게 뿌렸기에 다시 밭으로 기어갈 것처럼 덜 절은 것이다. 소금을 다시 뿌려놓고 좀 더 절여지기를 기다렸다. 숨이 덜 죽은 것을 버무리자니 풋내가 날 것 같고, 저녁에 돌아와 버무리자니 식감이 너무 질겨질 것 같다. 결국, 풋내가 나지 않게 조심하며 아침에 담가놓고 나가기로 했다. 어제 이미 찹쌀풀을 끓여 식혀 놓고 배와 양파 마늘을 갈아 만반의 준비를 해놓았다. 이미 준비도 다 돼 있겠다. 빨리 하면 십 분이면 되겠지 시간을 예측하고 버무리기 시작했다. 그런데 삼십 분이나 걸렸다. 십 분이란 생각일 뿐 생각처럼 쉽지 않았고 턱없이 모자란 시간이었다.

갓김치를 담가 놓고 준비가 끝났을 때는 약속시간이 빠듯했다. 약속시간에 맞추기 위해 서둘렀다. 비교적 약속시간에 미리 가지는 못하더라도 약속시간을 잘 지키려고 노력한다. 시간을 쪼개서 쓰는 내게는 기다리는 시간이 늘 아깝기 때문에 시간을 맞추려 애쓴다. 골목 밖을 막 나가려는데 아차 핸드폰을 소파 위에 두고 온 것 같아 가방을 뒤져 보니 없다. 돌아가 나오다 보니 이번에는 아침에 담근 갓김치를 친구를 주겠다며 잊지 말아야지, 현관 바로 앞에 놓아두었건만 살짝 비켜 두고 그냥 온 것이다. 벌써 두 번이나 오던 길을 돌았다. 실 바늘허리 못 꿰고, 급할수록 돌아가라 했거늘 마음만 급하지 제대로 실천 하지 못하고 있음이 서글퍼진다.

서두르다 보면 실수를 하게 마련이다. 그런데도 늘 늑장부리다 임박해서야 허둥대는 습성을 고치기가 쉽지 않다. 그래도 굼뜨지 않도록 바지런하려 한다. 나이 먹어감에 주눅 들지 말고 거꾸로 젊음의 세계로 나아가 정열의 나를 찾아야지.

정월 대보름

밤 9시, 2시간의 수업을 마치고 나오는 머리 위로 정월 대보름, 보름달이 밝게 웃어주고 있었다. 어두운 밤 소나무 위에 걸린 달은 한층 운치를 더해 준다.

정월 대보름을 예로부터 오기일烏忌日이라고도 하며, 새해 들어 처음 맞는 제일 큰 달이 뜨는 날이라고 상원上院이라고 했다. 올해엔 가장 작게 뜨는 달이라더니 정말 보름달이 귀엽도록 작다. 보름달을 보며 소원을 빌어보던 옛날이 생각나서 잠시 마음을 가다듬고 발걸음을 늦추며 다시 달을 쳐다본다.

내 어릴 적 정월 대보름, 그때 정월 대보름은 꽤 큰 명절이었다. 오곡밥에 아홉 가지 나물을 해 먹는다. 고른 영양을 섭취하지 못했을 겨울을 생각하여 이런 풍습을 만들었을 수도 있겠거니 생각하니 옛 어른들의 지혜로움에 놀랍기도 하다. 나무를 아홉 짐은 해야 하고, 저녁을 일찍 먹어야 한다는 속설과 보름날 몇 가지 전해 내려오는 우리들의 풍습을 지금도 찾아서 하는 사람들도 있다. 아침 일찍 귀밝이술을 마신다. 귀가 열려 한 해 동안 좋은 이야기만 듣게 해 달라는 소망이 들어 있다. 해 뜨기 전 더위를 팔기도 한다. 판다고 더위가 다른 사람에게로 가겠는가? 그럴 수 없음을 알면서도 친구의 이름을 부른다. 대답하면 "내 더위 사가라." 더위를 팔고, 불림을 받은 친구가 대답하지 않고 "먼저 더위." 하면 역전이다. 선풍기도 에어컨도 없었던 시절 무더위에 노출되었던 사람들이 더위를 많이 먹고 보니 그것도 하나의 위안이라고 민속놀이 속으로 낀 것은 아닌지 모르겠다. 부럼으로 딱딱한 호두나 밤, 땅콩 같은 것을 깨물어 버린다. 부스럼 나지 않게 방패막이하는 거라지만 어쩌면 치아의 건강을 알아보는 방법이지 싶기도 하다. 그때 영양적인 문제도 있었겠지만, 지금보다 위생에 관심이 적었던 탓에 부스럼이 많이 났었나 보다. 부럼을 깨무는 일로 일 년 동안 부스럼 나지 않게 방패막이가 된다고 생각했던 우리의 순수함과 무지가 함께 하였음직하다.

보름 전날 열나흗날에는 액막이연을 날려 보내며 액운이 사라지길 기원한다. 동네 어른들이 한곳에 모여 편을 가르고 커다란 멍석을 펴 놓고 신명 나게 윷놀이를 한다. 윷가락 떨어지는 경쾌한 소리와 몸을 들썩이며 지르는 흥에 겨운 소리가 들리는 듯 귓가를 맴돈다. 밤이면 동네 아이들이 냇가나 들에 모여 깡통을 뚫어 길게 끈을 매고 깡통 속에 불을 붙여 빙빙 돌리기도 하고, 빼앗기도 하며 쥐불놀이로 악귀를 물리친다고 생각했다. 늦은 밤 출출해지면 동네 아이들은 여러 집을 돌며 밥과 반찬을 모은다. 살금살금 숨을 죽이고 부엌에 들어가 솥뚜껑을 열면 대부분 솥 안에는 오곡밥이 우리를 기다리고 있다. 어른들이 우리가 올 것을 알고 미리 준비해 두었지 싶다. 나물까지 모두 넣고 넓은 양푼 속에서 우리들의 정과 사랑까지 듬뿍 넣어 섞여진 비빔밥은 정말 꿀맛이었다. 어찌나 신나고 재미있었던지 밤 가는지 모르고 동극도 하고, 오락도 하며 놀았다. 울도 담도 없이 트인 집이 많았고, 사립문은 있어도 항상 열려 있었다.

지금은 시골도 그렇지 않다. 담도 높아졌고 문은 잠겨 있다. 땀 흘려 지어 놓은 농산물을 차를 대 놓고 자기 물건처럼 가져가고, 집안까지 들어와 도둑질을 하니 어찌 마음 놓고 문을 열어 놓을 수 있겠는가. 내 일처럼 함께했던 이웃사촌이라고 참외 서리, 수박 서리며 갖가지 서리를 해도 귀엽게 봐 주시던 이웃이었다. 요즈음은 주인 모르게 행동했다가는 도둑에 몰리고 만다.

자연과 더불어 자연 속에 살았던 내 어린 시절 정서적 안정과 감성이 풍부했던 옛날과 달리 기계처럼 딱딱해지고, 점점 살벌해져 가는 현실을 실감할 수밖에 없다.

미풍양속은 시나브로 사라져가고 우리의 옛 정취는 추억 속에서만 그리움으로 남아 있다.

밥상머리 가족사랑

이제 그만 일어나야 한다. 식사가 끝나고 한 시간도 더 지나 아홉 시가 되었다. 그런데 일어날 수가 없다. 친구의 이야기는 끝이 없고 열심히 경청하고 있는 두 딸을 보며 '간다.'란 말을 차마 하지 못하고 앉아 있다.

자식들 앞에서 신나게 이야기를 늘어놓는 친구의 말에 맞장구 치며 열심히 들어주는 두 딸을 보며 참으로 행복한 밥상이구나.

이런 걸 보고 밥상머리 가족사랑이라 해야 하나? 식사 중에는 말을 하지 말라던 옛 어른들이 본다면 못마땅해 하시며 예의에 어긋나는 일이라고 조용히 해라, 꾸중이라도 하지 않았을까?

거의 혼자서 식사를 하는 나는 은근히 부러워진다. "얘들아, 참 행복한 밥상이로구나. 오늘 나까지 행복하다. 정말 행복했다." 누구라도 이 상황에서는 그렇게 생각할 수밖에 없었을 것이다. 나를 놀라게 하고 행복하다고 생각하게 만든 것은 엄청나게 특별한 것이 아니다. 하찮다면 하찮은 아주 작은 이야기를 신나게 하는 친구와 들어주는 식구들이다. 친구는 나도 몇 번씩 들어 잘 알고 있는 이야기를 하는 것이다. 같은 이야기를 몇 번씩 반복하면서도 너무나 당연한 것처럼 남편과 아이들 앞에서는 "아마 거짓말 보태서 백 번은 될 거야." 그런데도 하나도 어색하지 않게 너무나 처음처럼 한다는 것이다. 엄마 친구의 이름은 물론 어떤 친구를 좋아하고 있는지 다 알고 있으니 식구들 앞에서 어지간히 친구들 이야기를 한 모양이다. 얘들아! 다른 아이들 같으면 '엄마 외워도 외우겠어요. 또 녹음기 튼다.'라고 핀잔을 주거나 말을 끊을 법도 한 이야기다. 그런데도 처음처럼 경청하고 있는 그 모습, 그것도 미소 띤 얼굴로 엄마를 보는 사랑스러운 딸들의 모습이 참으로 아름답게 보였다.

친구는 네 딸과 아들 하나를 두고 살고 있다. 남편의 사랑과 아이들의 사랑을 듬뿍 받으며, 아이들에게 꾸중할 때도 말을 거르지도 않고 커다란 목소리로 거침없이 한다. 나로서는 상상하지도 못할 일이다.

그런 친구가 맛있는 음식을 하거나 특별한 음식이 있을 때면 함께 먹고 싶다고 자주 내 이름을 올리곤 했다 한다. 아마 혼자 밥상에 앉아 있는 내가 안쓰러웠던 모양이다. “엄마는 좋아하는 사람에게 맛있는 거면 무엇이나 해 주고 싶어라 해요. 자주 오세요.” 딸들의 말끝에 “애들 빈말 아니야. 진실밖에 모르는 애들이야.” 옆에서 친구의 남편이 “나는 빈말이고?” 그랬다. 온 식구가 나를 생각해 주는 그 마음이 미안할 정도로 고마웠다. 어느 해 여름 친구가 끓여준 삼계탕은 지금껏 먹어 본 것 중에 제일 맛이 있었고 지금도 잊을 수가 없다. 너무나 맛있게 먹던 나를 기억하고 친구의 남편은 다음 해 여름에도 삼계탕을 끓여주라고 했단다.

민화 전시회서 만나기로 한 친구가 몸이 불편해서 못 나오겠다고 전화를 해 왔다. 병문안을 가겠다고 친구 집으로 향한 것인데 오히려 더 귀찮게만 하고 온 것이다. 호박과 갖가지 채소를 넣고 부침을 해 준다. 극구 사양을 해도 이미 행동으로 옮기고 있었다. “얘, 내가 토란국 끓여 줄게, 저녁 먹고 가. 혼자 가면 우두커니 뭐 할래.” 친구의 진심 어린 권유에 그냥 나올 수가 없다. 이미 배는 한계점에 차 있는데 거절을 할 수가 없다. 정말 눈치 없고 염치없는 사람이 되어 버렸다. 그렇게 앉은 밥상이다. 나는 스스로 이방인처럼 느껴 불편할 것 같았는데 뻔뻔하게도 너무나 자연스럽게 같은 밥상에 앉아 있다.

“맛있지? 맛있지?”를 연방 하며 가까운 거리로 밀어놓는 반찬들이 정말 맛있다. 친구의 사랑과 행복이란 조미료가 함께 버무려진 까닭이리라. 진지하게 친구의 말을 들어 주는 두 딸을 보며 너희들 참으로 착한 딸이구나. 베갯머리 송사가 아니라 이 친구의 집은 밥상머리 가족사랑이라 해야 할 것 같다.

전통시장

2일, 7일은 5일 간격으로 열리는 청주 장날이다. 전국적으로 볼 때 오일장이 대부분 없어졌지만 유독 청주 장날만큼은 아직 유지되고 있다. 가끔 장날이면 시장을 가기도 한다. 그곳엔 북적북적 사람 사는 냄새가 난다. 여러 지역에서 모인 많은 사람과 함께하는 즐거움이 내겐 너무 크다.

육거리 전통시장은 오일장뿐 아니라 새벽에도 많은 사람이 모여 하루를 연다. 아직 빛이 보이지 않는 어둑어둑한 새벽부터 장이 서는 전통시장을 운동 삼아 가끔 가곤 한다. 오늘도 잠에서 일찍 깬 나는 육거리 전통시장을 향해 새벽에 간다. 체육관 앞을 지나 서문대교 앞에서 시내를 가로지르는 무심천 하상도로를 걸으며 생각 속으로 빠지기도 한다.

은은한 음악이 흐르는 하상도로에는 갖가지 아침 운동하는 사람들을 보게 된다. 현시대를 살아가는 사람들은 고달프다. 승용차로 버스로 출퇴근을 하고 걷는 것조차 제대로 하지 못하고 있으니 운동이 부족하기 마련이다. 이렇게라도 하지 않으면 자기 건강을 지킬 수 없기 때문인지 하상도로는 항상 걷기운동을 한다거나 자전거 타기 등 여러 가지 운동에 애쓰는 사람들로 넘쳐난다.

한참을 걸어 꽃다리 위로 올라가 육거리로 내려가면 여러 가지 농산물이며 과일 등 시골에서 가져온 갖가지 채소들이 눈길을 끈다. 언제나 시장 안은 시끌시끌하다.

손수레에 실린 보리밥과 김이 모락모락 나는 된장국에 밥 말아 먹는 사람들의 모습에서 활력이 샘솟는다.

늘 시간에 쫓기고 바쁜 생활을 하는 요즈음 젊은이들은 대형마트를 선호할 수밖에 없을 것이다. 차를 타고 대형마트에서 짧은 시간 내에 물건을 살 수 있고, 한곳에 필요한 것이 몰려 있어 장보기가 편리해 지고 보니 선호할 수밖에 없다. 젊은이들과 달리 나는 재래시장을 좋아한다. 어둑한 새벽에 왁자지껄한 시장 안에는 사람 살아가는 생기가 돋는다. 시장 안의 물건들은 싱싱하기도 하지만 저울에 달아 정확하게 가격을 매기는 마트와 달리 손대중으로 듬뿍 정까지 넣어 덤으로 주는 넉넉함은 내 마음조차 훈훈하게 해 준다. 대형마트에 밀려 제 기능을 다하지 못한다지만 새벽시장만은 다르다. 어깨가 부딪히고, 사람들에 치이는 거리지만 구시대를 살아온 나에게는 정겹기만 하다.

돌아다니기를 좋아하고 사람을 좋아하는 내 성격대로 많은 사람 속에서 흥정하고, 살 것이 없어도 이것저것 구경하며 다니는 재미가 쏠쏠하다. 막 따온 오이, 호박, 가지, 갖가지 푸성귀는 또 얼마나 나를 유혹하는지 모른다. 상추, 아욱을 샀다. 된장을 풀어 걸러서 팔팔 끓는 된장 국물에 아욱을 넣고 마른 새우를 넣어 끓인 국은 정말 맛이 일품이다. 가을 아욱국은 문을 닫고 먹는다는 어른들의 말에 동감이 간다. 말처럼 다른 어느 때보다 가을 아욱국은 정말 맛있다. 토속적인 음식을 좋아하는 나로선

더욱 그렇다.

갖가지 과일들도 농사지어 가지고 온 것들이니 신선도는 말할 것도 없고 가격도 대형마트에 비교도 되지 않을 만큼 싸다. 이것저것 채소며 과일을 사다 보면 점점 보따리는 무거워지게 마련이다. 이제는 단골 아줌마도 있고, 안면이 있는 시골아줌마도 있다. 두둑이 덤을 더 주기도 하고 서로의 안부를 확인하며 반가워하기도 한다. 때로는 꼭 필요한 것이 아님에도 집에 빨리 갈 수 있게 팔아달라는 부탁에 동정심 때문에 거절하지 못하고 살 때도 많다. 좌판에 펴놓고 앉아 있는 모습이 안쓰러워 팔아 주기도 하다 보면 짐은 점점 더 무거워지게 마련이다. 힘에 겨운 무거운 짐을 낑낑거리며 팔을 축 늘어뜨리고 걸으며 중얼거린다.

'참 못 말리는 나야.'

2부

남편이 남기고 간 딸

30여 년 전의 이야기

〈꼭 한번 만나고 싶다〉 텔레비전 프로다. 연속극은 즐겨보지 않는 편이지만 가끔 이 프로를 본다. 헤어진 사람 있어 만나기 위해서도 아니고 재미가 있어서도 아니다. 인연의 끈이 애틋한 사연과 함께 만나는 모습이 감동적이기 때문이다.

가슴에 묻혀 지워지지 않는 사람들, 어딘가 살아 있다면 만나는 날이 있겠지. 막연한 기다림과 희망도 있다.

남편이 세상을 떠난 지 십수 년 강산이 한 번도 더 변했을 시간이다. 아이들을 키우면서, 즐거운 일, 슬픈 일, 행복한 일이 있을 때마다 절절히 생각나는 사람이 남편이다.

오늘도 아침부터 〈꼭 한번 만나고 싶다〉 사연을 듣고 만남의 시간이 오길 간절히 바라기도 하고 반가운 전화라도 오면 내가 주인공이라도 된 듯 한없이 기뻐하기도 했다. 나도 모르게 눈물이 줄줄 흐른다. 어떤 사연이든 생이별로 서로를 그리며 살다가 30년 40년 만에 찾아 나선 사람들이다. 저렇게 살아 있으면 언젠가 만날 수 있으련만…. 남편을 만날 수 없는 아린 마음을 씻어버리기라도 해야 할 것 같아 버스를 탔다.

시내를 향해 달리는 버스 안에서 한 통의 전화를 받았다. 전혀 생각 밖의 사람이다. 30여 년 전 남편이 근무했던 중학교 제자다. 그러잖아도 아침에 남편이 보고파 한차례 울고 나왔는데 전화를 받는 손이 사르르 떨려온다. 눈에선 눈물이 조용히 흘러내린다. 옆 사람이 눈치챌까 봐 손수건을 꺼내 살며시 눈물을 찍어낸다.

유난히 착하고 심성이 고왔던 사람, 교사란 직업을 천직으로 생각하고 학생들을 사랑했던 이다. 세상을 떠나고도 몇 년을 두고 학생들이 안부 전화를 해 올 때면 마음이 아팠다. 차마 이 세상에 계시지 않는다는 말을 하지 못해 외국으로 여행을 가서 안 계신다고 거짓말을 하기도 했다.

몸이 약해져서 16킬로밖에 되지 않는 거리를 통근하지 못했다. 중학교 근처에 부엌이 달린 작은 방 하나를 얻어 자취 같은 생활이 시작되었다. 퇴근 시간이면 아이들 손잡고 누렇게 익어 고개 숙인 벼 이삭 사이로 논둑길을 걸어오는 남편을 기다리는 마음은 언제나 가슴 벅찬 즐거움이다.

두 아이를 데리고 문화시설하고는 거리가 먼 시골 마을, 임시와 있을 거라는 생각에 TV조차 가져오지 않아 조금은 답답했지만 자연과 더불어 사는 그곳의 생활은 소꿉장난과 다를 바가 없었다.

전화를 끊고도 한참을 옛 생각에 잠겨 그리움의 눈물이 고였다. 진정 남편을 만나고 싶다. 딱 한 번만이라도 만날 수 있다면 그 품에 안겨 펑펑 울기라도 할 수 있을까? 아니면 당신을 떠나보내고 살아온 내 삶의 모든 걸 영상을 돌리듯 돌려 보이고 싶었을까?

"학교 총 동문 체육대회를 개최하는데 지금까지는 선생님이 계시지 않다고만 생각했는데 사모님 생각이 났어요." 하면서 꼭 참석해 달라는 전화였다. 동문지에 글을 실릴 수 있게 해 달라는 부탁에 〈남편을 그리며〉란 제목으로 보냈다.

고마웠다. 아직도 남편을 생각하고, 나까지 기억해 주는 그 제자들에게서 잊히지 않고 기억 속에나마 남아 있음에 감사했다. 우리 식구의 삶이 잠시 이어지던 곳, 학생들과의 관계가 가장 많이 이루어졌던 곳이다.

참석할 수가 없다고 했다. 남편 생각도 날 것이고 학생들과 만나는 것 또한 쑥스러운 일이었다. 그런데 주일 미사를 마치고 성당을 나오니 차를 대기하고 기다리고 있었다. 도착해 보니 마침 점심시간이다. 반갑게 맞아주는 아이들, 아니 지금은 모두가 아이들이 아니라 가장이 되었고 주부가 되어 있다. 한 아름 꽃다발을 덥석 안겨주고 나를 위한 화장품 선물도 준비돼 있었다.

점심을 맛있게 먹으며 지난 이야기로 시간 가는 줄 몰랐다. 어떤 아이는 "보온 도시락을 싸 주셔서 고마웠어요." 또 갑자기 폭우가 쏟아져 물이 길까지 넘쳤을 때 업어서 건네준 이야기, 우리 가족 나들이에 눈치 없이 따라 다녔던 지난날을 그리워하고 있었다. 집에 놀러 와서는 아프다며 하룻밤을 자고 간 아이, "약을 사다 주고 걱정해 줬던 그땐 정말 부모님처럼 고마웠어요. 이제 와 생각해 보면 너무 철부지였어요."라며 지난 옛이야기들이 현실처럼 줄줄 나오고 있다. 아픈 아이 빨리 집에 보내지 않는다고 저 때문에 부부 싸움한 줄도 모르면서 무용담처럼 이야기하고 있다. 나는 전혀 기억하지 못한 것들까지 그들은 기억하고 고마워하고 있다. 결혼하고 보니 정말 철없던 시절이었다고. '저희 같으면 하지 못할 일'이라는 등 칭찬을 듣고 보니 민망스럽기까지 했다. 단지 아이들이 귀여워 튀김이며 부침개도 해주고 반갑게 맞아주었을 뿐이다. 나 또한 전직 교사였기에 남편 교직생활에 보람을 갖게 해 주고 싶었다. 내 제자처럼 진심으로 대해주었던 것이 그들과 통했나 보다. 아름다운 추억 속에 다시 한 번 고마움을 가슴에 새기게 해 준 제자들에게 진심으로 고마웠다.

순수했던 그 시절을 돌이켜 생각하게 하였다. 30여 년 후인 지금에도 그렇게 해줄 수 있었을까?

남편이 남기고 간 딸

아주 오랜만에 그녀가 시간을 내어 방문했다. 그녀의 나이는 오십 대 중반이다. 나와 그녀가 만난 것은 그녀가 고등학교를 졸업하고 재수할 때였다. 풋풋하던 그녀의 얼굴에서 중년의 모습이 보인다. 가끔 전화로 소식을 주고받을 때와는 또 다른 반가움이다.

시골의 한 농가에서 막내딸로 태어난 그녀는 그리 넉넉지 않은 가정에서 나름대로 공부 잘하는 끌끌한 모범생이었다. 시골에서 학원에 다니는 것이 힘들고 몇 달 남지 않은 학력고사 마지막 단계에서 더 열심히 공부하고 싶었나 보다. 선생님인 우리 집에 와서 학력고사 끝날 때까지만 있을 수 없겠느냐는 부탁을 했다. 내가 아무리 더펄이 같은 성격이지만 내남없이 식구 외의 다른 사람과 함께 산다는 것은 그리 쉬운 일은 아닐 것이다. 아무리 생각해 봐도 참으로 난처하기만 했다. 얼른 답이 나오지 않는다.

성품이 착하고 학생을 사랑할 줄 아는 참 스승의 길을 걸어온 남편이다. 박절하게 거절도 하지 못하고 내 눈치만 볼 뿐이었다. 나의 두 마음이 나를 흔들어 놓는다. '나는 선생님의 아내다. 오죽하면 이렇게 어려운 부탁을 할까. 선생님이란 직업의 보람과 긍지를 가질 수 있는 내조를 해야지.'란 선한 마음과 또 한편으로 내가 힘들 거라는 생각보다 제자를 더 생각하고 있는 것은 아닌지 섭섭해지는 마음속에 은근히 질투심이 꿈틀거리는 것을 보면 나도 여자는 여자인가 보다.

가정방문을 했던 남편은 그녀의 가정 사정을 잘 알고 있었다. 그녀와 그녀의 어머니, 둘이 사는 집은 비가 샐 듯 다 쓰러져

가는 초가집이었단다. “어렵겠지만 잠시 데리고 있어 보자.”고 했다. 우리 집은 세 칸짜리 작은 집이다. 그중 방 한 칸은 세를 주었고, 딸 방과 안방뿐이다. 결국, 딸을 이해시키고 같은 방을 쓰게 했다. 솔직히 불편한 점이 많았다. 바보같이 거절도 하지 못하고 내 발등을 내가 찍었지, 잠깐이지만 후회도 해 보았다. 겉으로 나타내지는 않았지만, 은근히 불만이 앞서기도 한 것은 나도 어쩔 수 없는 인간이기 때문이었으리라. 두 아이와 남편, 그녀의 도시락까지 싸려니 반찬이 문제였다. 늘 같은 것을 싸줄 수도 없고 은근히 짜증도 났다. 아무리 애를 써 보아도 표정관리가 되지 않았다. 조금만 참자. 이미 엎지른 물이다. 자신의 마음을 추스르며 생활할 수 있음은 그녀의 너울가지 성격 때문이었으리라.

다행히 원하던 대학 학과에 합격하고 제일 먼저 찾아와서 우리와 함께 기뻐했다. 보람이었다. 정말 큰 보람이었다. 무사히 졸업하고 의료공단에 취업했다. 그 후 결혼도 하고 두 아이의 엄마로 인천에서 잘 살고 있다. “머리 검은 짐승은 거두지 말라”는 옛말이 있다. 은혜를 원수로 갚는 사람도 흔한 요즈음이지 않은가. 그러나 이 제자는 달랐다. 그녀는 옛일을 잊지 않고 고마움을 표시한다. 참으로 듬쑥하다.

나와 함께 하룻밤을 지내겠다며 남편과 아이들에게 허락까지 받고 온 것이다. 옛정을 잊지 못하는 그녀가 반갑고 고맙다. 어느 해는 장뇌삼을, 어느 해는 아주 맛있는 황도를 보내와 나를 감동하게 하더니 올해는 때깔 좋고 맛 좋은 한라봉을 한 상자 보내와서 여태껏 아끼며 먹고 있다.

저녁을 먹으러 가며 그녀는 내 팔에 자연스럽게 팔짱을 낀다. 좀 쑥스럽기도 하고 어색했지만, 손을 놓을 수가 없다. 난 내 딸하고도 아니 누구와도 손을 잡거나 팔짱을 끼지 않는다. 그건 나의 오랜 습관이다. 잔정이 부족하거나 고리타분한 내 성격 탓이다. 나이 들며 사진 찍기를 좋아하지 않는 나에게 다가와 얼굴을 맞대고 스마트 폰에 웃는 모습을 담았다. 그렇게 정을 듬뿍 쌓으며 살갑게 굴었다.

그녀는 일 년 전 모시고 살던 친정어머니를 여의었다. 이번에는 암으로 먼저 세상을 떠난 언니의 사십구재를 지내러 온 김에 우리 집에 들렀다. 얼마나 마음이 허하고 의지가지없을까. 사랑하는 사람을 영원히 떠나보낸다는 것은 너무 슬프다. 가련한 생각도 들고, 그녀가 나를 챙겨주듯 나도 뭔가를 챙겨주고 싶었다.

친정도, 언니도 다 떠나보낸 그를 나는 딸 하나를 더 얻었다 생각하며, 친정으로 생각하고 들르라고 진심 어린 말을 했다.

나란히 누워 잠을 청하면서도 살그머니 내 손 위에 손을 겹쳐 놓는다. 겹쳐진 그녀의 손을 모른 척하고 있었다. 아니 그 손의 따스한 온기가 포근하게 느껴져 뗄 수가 없었다. 학생들을 고루 사랑하고, 불쌍한 아이를 그냥 넘기지 못하는 자상한 선생님으로 학생들 간에 인기 만점이었던 남편의 이야기. 남매를 키우며 힘들었던 그녀 자기 일까지 이야기는 밤이 깊도록 끝이 없다. 어느새 딸과 엄마로 바뀌어 우린 서로 마음 안에 있는 모든 것을 스스럼없이 쏟아내고 있었다.

남편은 이렇게 나에게 좋은 인연을 만들어 당신 없는 외로움을 달래 주고 있다. '친정엄마 같은 따스한 사랑 안고 갑니다. 식사 잘하시고 건강히 지내세요. 사랑하고 또 사랑합니다.'라고 보낸 딸의 문자를 보고 또 본다.

오월의 그리움

가정의 달 오월이다. 어린이날, 어버이날, 스승의 날, 거기에 석가탄일까지 올해에는 연휴가 길다. 나의 아이들이 그 연휴를 이용하여 집으로 온다. 아이들을 기다리며 앉아 있자니 몇 년 전 기간제 교사를 처음 나갔을 때가 생각난다.

강산이 세 번쯤이나 변했을 세월을 흘려보내고 새삼스럽게 아이들을 가르쳐 보겠다고 기간제 교사로 발을 들여놓은 지 두 달이 다 지나갔다. 어느 시골 학교, 교문을 들어서는 나는 운동장 저편에 아이들의 그늘을 만들어 줬을 우람한 플라타너스가 우뚝 서 있는 것을 볼 수 있다. 아담하고 예쁜 교정의 반김을 받으며 새로운 각오와 기분으로 이 학교엘 왔다.

사람은 환경의 영향을 받고 자란다고 나는 그저 동심으로 돌아가 아이들과 격의 없이 발야구하고 줄넘기도 하며 함께 신나게 놀기도 했다. 서로 손잡고 싶어라 했고 점심시간이면 자기 옆에 앉아야 한다며 다투는 바람에 순서를 정해놓고 옆에 앉기도 했는데, 이제 두 달간의 기간이 꽉 차서 내일이면 떠나는 날이다.

"선생님은 연구실에 가 계셔요." 아이들에게 등 떠밀려 연구실로 갈 수밖에, 무슨 꿍꿍이속일까? 잠시 후 반장 아이와 몇몇 아이들이 찾아와 함께 손잡고 교실 문을 여는 순간 폭죽이 터지고, 머리 위에 오색 테이프가 내리는 교실로 들어서는 나는 행복했다. 요즈음 아이들은 유별난 이벤트를 하는구나! 아름답게 꾸며진 송별 파티장이다. 교실 사방엔 하트모양의 풍선이 가득 매달려 있고, 칠판 가득 갖가지 색 분필로 써 놓은 사랑의 글들 '선생님 가지 마세요.' '건강하고 오래오래 사세요.' '성공해서 찾아뵐게요.' 등등, 보조칠판까지 가득 채우고 있었다. 작품 게시

판엔 뚱보 아줌마를 예쁜 공주님으로 그려 놓고 우리 선생님이란다.

작은 책상 모아 놓고 초코파이 쌓아 케이크를 대신하고 한 가지씩 가져온 과일이며, 음료수, 갖가지 과자들 주로 저희가 좋아하는 것들이었다. 그것은 나에겐 정말 아름답고 소중한 송별 파티장이었다. 아이들의 소중한 선물들, 저희가 가장 아끼며 가지고 놀던 인형, 맑은 유리병 속에 하나 가득 모아 놓은 종이학이다. 작은 용돈 아껴서 사 온 스타킹 한 켤레, 지우개, 사인펜, 예쁜 컵 등등 어른들이 생각하기엔 자질구레한 것들이다. 하지만 아이들의 예쁜 마음씨, 사랑에 그저 감격스럽고 고마울 따름이다. 얼마나 순수하고 꾸밈이 없는가. 이 작은 선물이 가장 가슴을 찡하게 만들었다.

산후휴가를 마치고 인사차 오신 선생님을 반갑게 맞이하기보단 떠나는 날 위해 몇 명씩 모여 앉아 집에 갈 생각을 하지 않고 교정을 맴돌며 날 기다리고 있던 아이들이다.

이 작은 학교는 결손 가정이 많았다. 일이 힘들어 가출한 어머니도 있었고, 경제가 어려워 부모가 다 도회지로 나가고 조부모 밑에서 크는 아이도 있었다. 사랑의 굶주림, 사랑이 그리운 아이들에게 따듯한 사랑을 줄 수밖에 없다. 누구라도 그랬을 것 같다.

선생님마다 '말썽꾸러기 아이들에게 어떻게 사랑을 주셨기에 아이들이 활기에 넘치느냐?'고들 한다. 모든 아이가 다 내 아이 같은 착각에 나이 먹을수록 더 귀엽고 예쁜 아이들이다. 젊은 선생님들과는 또 다른 색깔의 사랑, 따스한 마음을 전달해 줄 수 있었기 때문이 아닐까?

"우리 선생님 좀 그냥 계시게 해 주세요. 담임선생님과 하루씩 교대로 가르쳐 주시면 되잖아요?"라고 떼를 쓰는 아이들이 다 있다며 교장 선생님이 웃는다.

'그래, 애들아. 나도 떠나고 싶지 않단다. 그리고 그동안 참 즐거웠단다.' 송별회 끝에 한 아이가 나가서 오르간 치고 "스승의 은혜는 하늘 같아서…." 라고 노래할 때 나도 아이들과 함께 울고 말았다.

선생님 사랑을

막내가 결혼하는 날은 전날까지 오던 비가 개고 맑은 날씨만큼이나 행복한 아침이었다. 작은 것에 만족하고 지극히 당연한 것에 늘 감사하며 별 탈 없이 2남 1녀 세 아이를 성장시켰다.

그중 막내만이 크면서 선생님과 부모 속을 썩였다. 행동거지가 나빠서가 아니다. 학생의 가장 큰 본분인 공부가 취향에는 맞지 않았던가 보다. 성격이 워낙 활달하고 외향적인 막내에게는 온종일 그리고 밤늦게까지 자율학습에 매여 있는 것이 큰 고역이었으리라. 그냥 믿고 기다려주기만 해도 좋았으련만 '공부란 때가 있는 것이다. 너 나중에 후회하게 된다.' 강조하고 또 해도 잔소리일 뿐이었다. '다른 사람 다 가는 대학을 가고 말거야.' 그렇게 집념만은 대단했다. 그 집념 하나로 대학을 가고 취직을 했는가 보다. 비교적 조용한 성격인 다른 식구들과는 너무나 달랐다, 남들은 쉬운 말로 그런 아이가 더 잘된다고 위안을 해주었지만, 그땐 야속하기만 했다. 지금 와 생각해 보니 그 말이 아주 완벽히 틀리는 말이 아니란 생각이 든다.

세 아이를 학교에 보내면서 만났던 담임선생님, 모두 참 좋으신 분들이어서 다행이었다. 자식을 일 년간 보살펴 주시고 사랑으로 가르쳐 주시느라고 고생하셨다는 감사의 인사를 학년이 끝날 때 하곤 했다. 그럴 때마다 선생님들은 '이제 끝났는데요. 안 하셔도 되는데 뭘 이렇게까지 하시느냐'고 하신다. 공부는 좋아하지 않지만, 항상 즐겁고 사교적이며, 어떤 일을 하던 다른 사람들에게 최선을 다하므로 친구들로부터 인기 만점이라고 칭찬해 주었다.

고 3이 되자 이 아이 성격을 잘 알기에 담임선생님께 어떻게 해야 좋을지 남편과 함께 했던 걱정을 혼자 하자니 더욱 불안하기만 했다. 고심 끝에 촌지를 드리는 어리석은 짓을 저지르고 말았다. 극구 사양하며 절대 받지 않으시는 선생님의 공손하신 모습에서 후회스럽고 부끄럽기도 했다. 진실을 보았기에 감사하게 생각하며 집으로 돌아왔다. 그리고 장문의 편지를 선생님께 썼다. 그날의 일을 진심으로 사과드리고, 지금까지 키우면서 생활 속에 보고 느꼈던 막내의 장단점, 활달한 성격이며 고쳐야 할 것 등 선생님께서 알아두어야 할 것들을 하나하나 적어 나갔다. 생활지도에 참고하셔서 신경을 써 주십사고, 그리고 대단히 죄송하다고 쓴 편지를 우체통에 넣었다. 답장이 왔다. 다른 어떤 선물보다도 더 고맙다고, 오랫동안 교직에 있었지만 이런 부모님은 처음이라면서 앞으로도 이렇게 해 주시면 된다고 함께 지도해 보자 하셨다.

한번은 친구에게 빌린 오토바이가 도난 된 거라서 도둑 누명을 쓰고 경찰서에서 하룻밤을 지내게 되었다. 그 시절 핸드폰도 없었고 집에 연락이라도 해 달라고 사정하는 아이에게 집에 연락도 해 주지 않아 밤새 애태우던 생각을 하면 지금도 화가 난다. 그 경찰은 자식도 키우지 않나? 학생을, 그것도 미성년자를 아무런 연락도 없이 경찰서에서 재우다니 다음 날 아침에서야 연락해 준 경찰이 너무나 원망스럽고 야속했다.

가슴으로부터 불같이 치미는 화를 삼키며 무사해 준 것에 감사를 드렸다. 막내를 데리고 학교에 갔을 때 선생님께서는 교문 앞까지 나오셔서 "매는 맞지 않았니? 심하게 대하진 않더냐?" 이것저것 물어보면서 아이를 다독여 주시는 것이다. 그 자상한 모습을 보며 안심하고 집에 돌아올 수 있었다. 고등학교 2학년 때 아버지를 하늘나라로 보내드리고, 어떤 일을 하던 선생님을 아버지처럼 의지하고 상의하며 앞날을 설계해 나갈 수 있었다. 졸업 후에도 스승의 날이나 군에 입대할 때 휴가를 왔을 때도, 제대하고서도 선생님께 인사를 다녔다. 물론 취직을 했을 때도 선생님을 잊지 않고 찾았다. 감사한 마음을 흔한 음료수 하나로 대신하며…. 그런 아들을 선생님께서는 대견해 하셨다. 학교 다닐 때 말썽꾸러기가 선생님의 최고 제자가 된 것이다. "선생님께서 말씀하시던 최고 제자가 선배님이시네요." 후배로부터 얘길 들을 때마다 좋아하며 집에 오면 자랑을 하던 아들이었다. 직장에서도 호감을 얻고 있다고 자랑하는 아들을 보며 학교의 우등생이 사회의 우등생이 아니라는 것을 생각하게 해 주었다.

결혼식장에도 고1부터 고3까지 세 분 담임선생님께서 일찍부터 오셔서 축하해 주시고, 끝까지 남아 보살펴 주셔서 너무도 고마웠다. 비록 공부는 하지 않아서 속을 썩여주었지만 스스로 알아서 대학엘 가고, 졸업 후 취직까지 무난히 해 준 아들, 선생님을 잘 만난 이 아이의 행운이었으리라. '신혼여행에서는 무사히 돌아왔는지 궁금하다.'며 먼저 전화 주신 분이 선생님이다. 형 같고, 부모 같았던 영원히 잊지 못할 선생님의 따뜻한 사랑이 아이가 제대로 반듯하게 성장한 원동력이었음을 다시금 확신한다.

한 시대의 흐름 속에서

열흘이나 앞당겨 핀 벚꽃을 볼 수 있었다. 지구의 온난화로 우리나라 기온의 변화에도 영향을 받은 것 같다. 노란 개나리와 어우러진 모습은 눈을 현란하게 만들어 준다. 거기에 고고한 목련까지 합세하고 보니 감탄사가 절로 나온다. 우리 마음 안에도 식물들에도 봄의 향연으로 쏘옥 빠져버렸다.

모처럼 고교동창 몇이 모였다. 친구들과 반가운 만남은 학창

시절의 감성이 절로 살아나게 하고 있었다. 누군가가 먼저랄 것도 없이 자연스레 발길이 무심천을 향하고 있었다. 나이가 들면 뻔뻔해진다고 다른 사람의 시선은 아랑곳할 것도 없이 그저 어린애처럼 떠들어 댄다. 어찌 그리 목소리 톤은 높아지는지 지나는 사람들의 시선을 끌만 했다. 옛이야기에 취해 조금은 청춘으로 돌아간 듯 주변쯤이야 안중에도 없었다.

우리의 학교생활은 선후배의 위치가 뚜렷했고, 규율이 엄격했다. 학생 불가 영화가 아닌데도 단체관람이 아니면 마음대로 영화감상도 할 수가 없었다. 몇 십 년이 지나서 영화 제목은 잊었지만 모처럼 선생님 눈을 피해 영화 관람을 하기로 작정하고 친구 몇 명이 영화관 매표소 앞에 있었다. 가는 날이 장날이라고 표도 끊기 전 생활부 선생님이 눈에 띄었다. 누구랄 것도 없이 혼비백산 우린 그 자리를 피해 뛰었다. 그다음 날 담임선생님으로부터 "우리 반에는 극장 앞에 간 사람이 없겠지?" 양심은 조금 찔렸지만 시치미를 뚝 떼고 얌전히 있었다. 지금 생각해 보아도 극장 안에서 선생님을 만났더라면 어땠을까? 선생님 눈을 속이고 가고 싶었던 영화를 보진 못 했지만 그래도 다행이지 싶었다. "우린 참 배짱도 없고 순진했었지."라며 지난날을 그리워하기도 했다.

한껏 멋 내고, 뽐내며 세상 두려울 것 없었던 그때, 우린 꿈과 희망으로 부풀어 있었다. 그저 순박하고 참을성 많은, 청순하고 아름다운 젊음이 있었다. 그런 우리가 반세기를 훌쩍 넘기고 노년기에 들어섰다. 그렇다고 뒤돌아보며 아쉬워하거나 안타까워하기에는 아직 젊은이 못지않은 정열과 열정이 남아있다. 끝없이 도전하고 끊임없이 무언가를 추구하는 우리다. 집에 묻혀 살림밖에 모르는 무능력한 삶을 사는 친구들이 없다는 것만도 천만다행이다. 무언가에 도전하는 즐거움으로 좌절하기보다는 긍정적인 생각으로 앞날을 기대한다.

우리가 해야 할 일이 아직 남아 있다는 걸 생각하지 않을 수가 없다. 바른 사회 속에 후배들을 올곧게 자라도록 이끌어 줘야 하고, 주변을 돌아보며 우리가 필요한 곳을 찾아야 한다. '메마른 사회 속에 사랑도 나누어야 한다.'며 웃고 떠들며 신바람이 나 있다.

봄바람은 처녀 바람, 사람의 가슴속을 파고든다 하더니 아직은 봄바람이 차다. 갑자기 불어온 찬바람에 스카프를 풀어 어깨를 감싸 보았지만, 몸을 움츠러들게 한다. 하얀 꽃잎이 바람을 이기지 못하고 몸서릴 치다 떨어지기도 한다.

주변의 카페를 찾아 들어갔다. 카페 안은 현시대와는 동떨어진 인테리어가 우리를 놀라게 했다. 초등학생이 그렸음 직한 카드 몇 장이 늘어진 줄에 걸려 있다. 누군가 써 놓은 메모지도 그렇고, 굵은 펜으로 적당히 잘 쓰지 못한 글씨로 비닐봉지에 싸인 조잡한 메뉴판의 모양은 1960년대를 연상케 한다. 어쩜 구시대적인 카페가 우리를 더 정겹게 만들어 주고 있다. 만우절에 선생님을 놀려 먹고, 등 뒤에 살짝 선생님의 별명을 써 붙여 놓았던 일 등을 이야기하며 더욱 깔깔대며 웃는다. 특별한 것도 아닌 일상의 이런저런 이야기 속에서 지금 이 순간 우리는 젊음을 잃지 않고 있음을 확인한다.

아주 큰 실수

스승의 날이다.

언제부턴가 치맛바람이 학교에서 붐처럼 일어날 때 촌지와 과한 선물로 마음을 상하게 할 때가 있었다. 선물이란 주는 사람이나 받는 사람이 서로 부담이 없어야 하며 마음의 선물이 가장 소중하단 생각으로 살아왔다.

연세 드신 분들이 배우는 한글학교 할머니 중 한 분이 선물을 주셨다. 학교 선생님들도 스승의 날 선물을 받지 않는다. 전날이면 절대 가져와서는 안 된다고 강조하기도 한다. 스승의 날이라고 고맙다고 하시며 준 선물이다.

당신이 돈을 벌어 쓰는 것도 아니요, 자식들한테서 용돈을 받아쓰자면 그렇게 넉넉지 않으실 텐데 그 마음이 고마웠다. "선물은 보는 데서 풀어 보는 게 좋다지요?" 살구색 100% 면팬티 석장과 심심할 때 먹으라며 과자 몇 봉지를 싸 오신 거다. "제가 좋아하는 튀지 않는 색깔, 부드러운 천, 마음의 선물 고맙게 받겠습니다." 어떤 큰 선물이라도 이보다 더 좋을 수는 없다며 함께 기뻐하기를 원했다.

"내가 받았던 선물 중 가슴에 남는 게 하나 있다."고 예를 들어 이야기하였다. 아침에 당신 생일이라고 자식들이 만든 송편을 나에게 전해 주지 못해 늦게 저녁 미사가 끝난 후 내게 전화한 것이다. 그날은 성지 순례 가는 날이라 이미 성지에서 미사 봉헌도 했고, 피곤해서 집에서 쉬고 싶었다. 하도 간곡히 부탁해서 무슨 급한 일이라도 생겼나. 무슨 일일까? 궁금하기도 했다. 성당에 가니 현관 입구에서 날 기다리고 있었다. 반갑게 맞아주며 그가 내민 것은 송편 두 개와 작은 지짐이 세 쪽이었다. 저녁

늦게야 내가 받았을 때는 음식은 시큼하게 변질되어 있었다.

'피곤한 사람 오라더니 별것도 아닌 이것을 주려고….' 처음엔 좀 기분이 언짢았다. 돌아오며 생각해 보니 그것은 사랑이었다. 얼마나 내게 주고 싶었으면, 그 마음을 생각하니 정말 고마웠다는 이야기를 해 주었다. 큰 선물보다 작은 선물은 더 하기 어려운 것이라며 어르신의 마음이 중요하다는 얘기를 한 것인데 단단히 오해를 한 것이다.

솔직히 거창하고 값나가고 좋은 선물은 떳떳하게 선물하기도 쉽다. 선물을 값으로 매기는 것은 아니지만 내겐 그랬다. 그렇지만 받는 사람은 부담스러울 수도 있다. 허름하고 고급스럽지 않은 선물을 주기란 공연히 주눅 들고 혹시 흉이라도 잡히지 않을까 망설여지게 마련이다. 작은 선물이 더 하기 어렵다는 생각을 하며 살아온 나는 허영 속에 산 것은 아닌지 생각과 마음이 다른 이중적 생각을 비판해 보기도 한다. 최선을 다한 작은 마음의 선물은 고마움도 훨씬 더 크다는 것을 생각하게 된다.

저녁때가 되어 여러 사람 앞에서 망신 준 것이라며 그분으로부터 집으로 전화가 왔다. 어르신의 마음에 상처를 남기고 말았다. “그게 아니에요. 그렇게 생각하셨다면 정말 죄송합니다.”고 몇 번이고 사과하였지만 풀어질 기미가 보이지 않는다. 상처가 아주 크셨던가 보다. 울먹이면서 하는 말에 어떻게 이해를 시키고 어떻게 위로해 주어야 할지 막막하기만 했다. 다음 시간에 저분이 오지 않으시면 어쩌나 걱정이 앞섰다. 어떻게 오해를 풀어 드리나 머릿속을 끊임없이 맴돌았다.

좀 기다리자 마음이 가라앉으면 다시 전화하여 이해를 시켜 드리자, 잠시 생각을 내려놓기로 했다. 수요일이 가까워질수록 전화를 어떻게 하지 걱정이 태산이었는데 전화가 왔다. 반가웠다. 죄송하다는 나에게 “훌륭한 선생님을 알아보지 못해 미안하다.”고 하신다. 아마 같이 사는 아들이 이해를 시켜 드린 모양이다. 수요일 만나기로 약속하고 전화를 끊는 마음이 홀가분해졌다. 쑥스럽기도 하고 조금은 어색했지만, 전보다 더 깊은 관심으로 공부도 더 열심히 하며 질문도 더 많아졌다. 사랑이 더 돈독해진 셈이다.

나이 먹으면 배운 사람이나 못 배운 사람과 같고, 예쁜 사람이나 못난 사람이나 같고, 있는 사람이나 없는 사람과 같다. 하는데 그래도 이분들은 배우려 한다. 나는 그것이 좋다. 알던 것도 잊어가는 나에게 이래선 안 된다며 나를 돌아보고 채찍질해 주고 있다.

할머니들의 관심이 높아지고, 글에 대한 욕망이 더욱 커졌다. 그 이후로 일기를 매일 쓰신다는 분도 생기고 시를 써 내 손에 쥐여 주며 부끄러워하는 할머니도 있다. 다른 어떤 봉사보다도 내 마음을 기쁘게 해 주고 보람도 더 크다.

사랑은 관심이고, 나눔이고 함께 느끼는 행복이다.

생각 바꾸기

수요일이다. 늘 기다려지는 이 시간은 나이 드신 분들 한글을 가르치기 위해 가는 날이다. 반가운 얼굴들이다. 인사를 하고 기도로 시작한다. 읽고, 쓰고, 받아쓰기 시험도 본다. 한 분 한 분 책상 사이를 돌며 채점도 하고, 잘하셨다고 칭찬도 해 드리며 등을 쓰다듬어 드리기도 한다. 지나가는데 슬그머니 손에 쥐어준 사탕 몇 개, 건강을 위해 내린 팩에 든 음료

몇 개, 교탁 위에 놓인 음료수 한 병, 그 작은 선물이 내겐 큰 축복이고, 사랑이고 행복이 된다. 깊게 팬 세월의 흔적들, 삶의 무게가 잔주름으로 남아 있다. 나이만큼이나 큰 사랑과 정으로 가득하다. 이분들을 만나며 나는 자신을 돌아보고 생각하게 된다.

지금까지 해 온 어떤 일보다 힘든 공부라면서도 열심히 하는 모습을 보면 참 아름답다. '경로당에서 쓸데없이 남의 말이나 하고, 고스톱이나 치는 것보다 훨씬 더 좋다.'며 화, 수, 목, 금 일주일에 네 번을 열심히 나온다. '글을 모르는 다른 분을 데려오고 싶은데 인제 배워서 무얼 하겠느냐며 따라오지 않는다.'고 안타까워하기도 한다.

이분들의 한글 공부를 맡은 지 얼마 되지 않았다. 이제 늦깎이로 배우는 그분들의 머리로는 듣고, 읽고, 쓰며, 외우고 또 외워도 쉽게 잊어버리게 마련인 것을 어쩌랴. 함께할 때는 아는 것 같은데 돌아서면 잊어버리니 무슨 소용이 있기는 한가? 그러면서도 열심이다. 콩나물시루에 아무리 많은 물을 주어도 다 빠져나간다. 그래도 콩나물은 잘 크고 있는 것처럼 잊어버려도 또 배우면 그래도 조금씩 남는 게 있어 글로 소통할 수 있으니 얼마나 다행한 일인가.

처음 한글 교실에 발을 들여놓을 때 이분들은 '여자는 살림이나 가르쳐 시집이나 잘 가면 된다. 배움은 아무짝에도 쓸데없는 것이다.'고 부모님들이 가르치려 하지 않았다. 잘못 만난 시대를 탓하며 돌아가신 부모님께 원망 아닌 원망도 해 본다. 살아온 날들의 불편함이 세상의 좋은 변화로 이 나이에도 배울 수 있음이 다행이란다. "머리가 녹슬었나 봐. 자꾸 잊어버려." 순수한 할머니들의 행복 속으로 매주 수요일 함께할 수 있어 나도 행복하다.

배우지 않아도 살아가기야 했겠지만, 급속히 변해가는 세상을 따라잡기 얼마나 힘들까. 젊은 시절이라면 며칠만 배워도 금세 배울 한글을 뒤늦게 배우려니 아무리 반복을 해도 자꾸 잊어버리니 힘겨울 노릇이다.

이제 겨우 한글을 깨우치는 그분들께 나는 시를 쓰게 해 드리고 싶고, 편지며 유언장도 쓸 수 있게 해 드리고 싶다. 아들딸 낳아 다 키워놓은 것만으로도 얼마나 멋진 작가인지 우리는 자부심을 가지고 살아야 한다. 한 문장을 만들어 글을 쓰다 보면 시가 되고, 글이 될 수 있으니 우린 다 작가인 것이라고 강조한다. 이제 글을 깨우쳤으니 오늘은 문장을 한번 만들어 보자고 '오월'이라는 글제를 주어 보았다. '오월은 푸르다.' '가정의 달이다.' '꽃이 많이 핀다.' '나무가 우거진다.' 등등 여기저기서 잘 이어받는다. '지금 이 말들이 다 시이며, 우린 이렇게 시 속에 살고 있고, 우리 생활이 곧 시인 것이라.'고 얘기한다. 쓰다가 모르는 글자를 가르쳐 주겠다고 어려운 것이 아니라고 아무리 강조해도 엄두를 내지 못한다. 우물가에서 숭늉 내놓으라고 내가 너무 서두르고 욕심을 내는 것일까.

그중에 몇 분이 자신이 쓴 글을 내 앞으로 내민다. "글을 배워 이름도 쓸 수 있고, 은행에서 돈도 마음대로 찾을 수 있고, 글을 읽고 쓸 수 있어서 너무 행복합니다. 선생님 고맙습니다. 사랑합니다." 서툰 글씨로 쓴 글이지만 흐뭇했다. 자신도 얼마나 대견스러우셨을까?

이렇게 잘하는 분도 있는데 무조건 우린 못하니 쉽게 받아쓰기나 두 번씩 해 달란다. 어린아이처럼 동그라미 받고, 100점 맞는 것이 더 보람으로 생각하시는 분들이니 어린이들과 다른 게 없다. 세상을 점수로 친다면 지금 이분들께 몇 점이나 주어야 할까? 나는 안 돼, 나는 못 해, 그 못한다는 마음속엔 어린이

같은 귀여운 마음이 숨어 있다. 깨우쳐 주고 싶다. 할 수 있어! 이렇게 한글도 깨우쳤는데 못할 게 무어야. 자신감이 넘치기를 기대하며 희망을 놓지 않는다.

그분들의 가슴에 박힌 고정관념이 앞으로 더 나가기를 두려워하게 만든다. 아는 것만으로 자식, 며느리에게 고맙다는 편지라도 몇 자 적어 준다면 얼마나 보람 있을까? 글을 앎으로 새로운 꿈을 만들며 젊은이 못지않은 멋진 인생을 새롭게 보이는 세상 속으로 걸어갔으면 싶다.

시작도 하기 전에 '어려워서 못해.' 관념적인 마음을 '하면 된다.'고 자신감을 가질 수 있게 꼭 바꾸어 놓으리라.

알게 해 주는 기쁨

"선생님! 이 편지 좀 봐 주세요." 수줍게 말하며 어렵게 내민 종이에는 서툰 글씨로 아들에게 쓴 편지였다.

수업시간은 두 시간이다. 짧은 시간에 한 분에게만 긴 시간을 할애할 수 없어 아쉽다. 칠판에 받아쓰기 연습글로 짧은 문장을 써 놓고, 수강생들이 공책에 써 가며 익히는 동안 편지를 읽어 보았다.

글을 가르치면서 “일기를 써 보십시오. 아들 며느리 생일이나, 손자 손녀 생일에도 용돈만 주시지 말고 단 몇 줄이라도 편지를 써 함께 주세요. 마음의 전달이 훨씬 잘 될 겁니다.” 강조하곤 했었다. 처음엔 완강히 “못 해요. 이제 글 배워 읽기도 힘든데 어떻게 써요.” 엄두도 내지 못하던 분들이었다.

한 분 두 분 글을 써 와서 틀린 곳을 고쳐 달라 하니 기쁘기 한이 없다. 이 분도 처음으로 아들에게 쓴 편지를 내 손에 쥐어 줬다. 읽으면서 짧지만, 가슴이 찡하다.

> 사랑하는 아들아!
>
> 선생님 말씀에 용기 내어 이 편지를 쓴다. 엄마가 늦게라도 글을 배워 너에게 편지를 쓰게 돼서 정말 기쁘다. 네가 군 생활 시절 편지를 보내면 다른 사람에게 읽어 달라고 부탁을 할 때면 자존심이 많이 상했다. 글을 알지 못하는 답답함이 서럽고, 가르쳐 주지 않은 부모님 원망도 해 보았다. 그땐 왜 글 배울 생각을 하지 못했을까?
>
> 네가 휴가 와서 “빈 종이라도 좋으니 답장을 받아봤으면 좋겠어요.”라는 말을 들으며 이 엄마는 얼마나 마음이 아팠는지 모른다.

'글을 읽을 수 있고 쓸 수 있으니 시인도 될 수 있고, 일기도 써 가며 글을 남기라.'는 선생님 말씀이 옳은 말이라고 생각은 하면서도 정말 어렵기만 하더라. 그래도 손자 손녀 생일에도 용돈만 주지 말고 다만 몇 줄 '사랑한다'는 말만이라도 써 보라는 선생님 말씀에 용기 내어 너에게 그때 써 보지 못한 편지를 처음으로 써 본다. 지금은 사업도 잘하고 효자인 아들아! 정말 고맙다.

몇 자 틀리기도 하고 문법도 띄어쓰기도 틀린 것이 있지만 80이 넘은 이분들을 응원해 주고 싶다. 나이 들어 배우는 분들이고 보니 초등학교 1학년 가르치는 것보다 훨씬 더 힘이 든다. 함께 할 때는 다 아는 것 같은데 혼자서는 긴가민가하기 일쑤란다. 그렇지만 기쁨과 보람은 그 몇 배 더 크다.

이름도 쓸 줄 몰라 은행에 가면 글을 모른다고 할 수도 없고, 한나절은 서 있다가 간신히 직원에게 써 달라고 하면 이상한 눈으로 보는 게 참으로 창피했다. 이제는 누구의 눈치도 안 보고 통장에서 당당히 돈을 찾을 수 있고, 시니어 클럽에서 일하며 일지를 쓸 수도 있어 행복하단다. 가끔 소리 나는 대로 쓰기도 하고, 사투리를 그대로 쓰기도 하지만 이분들의 큰 발전을 칭찬해 주고 싶다. 어떤 분은 나에게 편지를 써 슬그머니 손에 쥐어 주기도 하고, 어떤 분은 '가을비'라는 제목으로 시를 써오기도 하였다. 이곳에서 공부하는 모든 분들이 말로 다 하지 못할 때 글로 소통할 수 있도록 최선을 다해 가르칠 것이다.

아들이 편지를 읽어 보고 거금의 용돈을 주었다고 기뻐하는 할머니를 보며 안다는 것은 참으로 큰 힘이다. 이렇게 가르치는 것이 얼마나 큰 보람인지 새삼 깨닫게 된다.

화상통화

오늘도 버스에 몸을 맡기고 집을 향해 가고 있었다. 타고 내리는 사람들을 무심코 바라보며 깊은 상념에 잠겨 있었다. 수업을 마친 학생들이 무리 지어 올라왔다. 시끌시끌한 모습도 오늘은 밉지가 않다. 기분 탓일까? 활기차 보이는 젊음이 부러워진다.

떼로 몰려다니며 주변 사람을 인식하지 않고 조심성 없이 떠들었던 시절이 있었다. 친구 어머니로부터 "재들은 파리가 기어가는 걸 보고도 웃을 거야." 하시던 여고 시절이 있었지만 언제 내게도 그런 시절이 있었던지 무심코 지나 보낸 시절이다. 두려움 없는 꿈과 희망으로 하늘 높은지 모르고 무엇이나 겁 없이 대들었다. 새삼 그립단 생각이 머리를 스친다. 나에게도 저런 때가 있었는데… 추억 속으로 빠져본다.

내 옆자리 사람도 내렸다. 잠시 뒤 새로 올라온 건장한 남자가 앉았다. 그는 자리에 앉자 곧바로 스마트 폰을 들고 괴성과 함께 손짓을 정신없이 하고 있었다. 눈여겨볼 수도 없고, 슬쩍 곁눈질하는데 얼핏얼핏 보인 그의 손놀림이 예사롭지가 않다. '뭐야 이 사람 정신없어 죽겠네.' 정말 심란하다. 왜 저러는지 이해할 수가 없었다.

아하! 화상통화를 하는 것이로구나. 그가 말할 수 없음을 알아차리고 잠시 정신 없다고 신경을 썼던 것이 미안했다. 그렇다. 이들은 화상통화로 수화를 하며 이야기를 주고받고 있었던 것이다. 뒤늦게야 그의 정신없는 손짓을 이해할 수 있었다. 가끔 이상한 단음도 들린다. 그 단음에는 끓어오르는 답답함이 배어 있다. 말하지 못하는 답답함이 오죽할까? 그들의 답답함이 기기의 발달로 이렇게라도 떨어져 대화할 수 있음은 그나마 얼마나 다행스러운 일이다.

새로운 기기들을 젊은이들은 빨리 이해하고 잘 사용하지만, 우리는 다루기도 힘들어 기계 속에 들어 있는 복잡한 기능을 다 알고 사용하기란 역부족이었다. "그래도 참 빨리 이해를 하세요." 핸드폰 가게주인의 말에 위안으로 삼곤 했다. 젊은이들만큼은 아니지만 새로운 기기들 컴퓨터, 카메라, 스마트폰을 기본만이라도 사용할 수 있으니 나는 깨어 있는 거야, 스스로 자긍심을 갖기도 했다.

이런 기계를 연구하고 만들어 내는 사람은 도대체 어떤 사람들일까? 나는 내장된 것도 다 사용할 줄도 모른다. 그뿐만 아니라 복잡한 것에 엄두도 내지 못하고 아예 알려고도 하지 않고 있다. 새로운 것들을 발명해 내는 그들에게 새삼 존경과 고맙다는 생각을 한다.

아주 많이 오래된 십여 년 전 일이 떠오른다. 목 종양 수술을 받고 난 후, '환부가 완전히 아물 때까지 한 달간 말을 하면 안 된다.'며 '잘못하면 수술 전과 같아져 재수술해야 할 수도 있으니 조심해야 한다.'는 의사 선생님의 말에 걱정이 앞섰다. 어떻게 한 달씩이나 말을 하지 않고 살아가지? 하루하루가 정말 답답하기만 했다. 글로 써서 대화했고, 아예 전화는 받을 수도 없었다. 길다면 길고 짧다면 짧은 그 한 달의 시간이 얼마나 지루하고 답답했는지 모른다. 그런 장애를 갖지 않음이 천만다행이라 생각했다. 얼마나 감사해야 할 일인지 내가 정상일 때는 몰랐다.

시간의 상대성 원리라 할까? 한 달이 일 년처럼 길게 느껴졌다. 그때 노트를 사 놓고 글로 써 대화했던 것을 볼 때면 때로 교만해지려는 마음을 누르곤 했다. 벼가 익을수록 고개를 숙이듯 겸손해져야 한다. 오늘 나는 저들의 대화에 잠시나마 짜증이 났고 신경이 많이 쓰였다.

새로운 만남

그와 만남은 초면이 아니다. 아이들 어릴 때 한 동네에서 그는 약국을 경영하고 있었다. 그의 부인은 나의 고교동창이어서 잘 알고 있고 아이들도 같이 자랐다.

약국을 하는 그의 집에 약을 사러 갔을 때 김치를 담근다며 절구로 마늘을 찧어 주고 있었다. 참 인정이 많고 친구를 사랑하며 도와주는 모습이 부럽다고 생각했다. 나의 친구였던 그의 성실한 아내가 너무나 갑자기 세상을 등졌다.

그러고 일 년이 훌쩍 지나서 뇌리에서 사라질 즈음 같은 성당에 다니던 그의 동생으로부터 전화가 왔다. 웬일일까? 뜬금없이 만나자니 궁금하기도 하고 박절하게 거절할 처지도 아닌지라 어느 찻집에서 마주 앉았다. 조용한 국산 찻집에는 손님이 없었고 우리 둘뿐이다. 약간의 서먹함이 지나고 어려운 듯 "우리 형이 상처 후 집안에서 책만 붙들고 씨름만 하고 있으니 우울증이라도 걸리지 않을지, 끼니나 거르지 않을지…." 걱정이라는 그 동생의 말을 들으며, 이미 나 또한 혼자의 삶을 겪어 본 처지이고 보니 이해가 갔다.

서로 잘 아는 사이이니 나에게 도움을 요청하는 거다. 다른 어떤 사람보다 유난히 신경이 쓰이고 부담스러워진다. 거절해도 되는데 망설여진다.

어느 작은 절에 간 적이 있었다. 연못 한가운데 동전을 던져 소원을 비는 곳이 있다. 천주교 신자인 내가 믿지는 않았지만, 장난처럼 동전을 던지며 나에게 좋은 친구를 만날 수 있게 해달라고 마음속으로 기도 했다. 동전은 첫 번에 딱 홈에 들어갔고, 혹시 친구가 생기지나 않을까 은근히 기대하기도 했다. 씩씩하게 아이들 키우며 잘살고 있고, 아이들 모두 가정을 이루고 손자들이 생기고 보니 성취감 후의 허탈감일까. 갑자기 외롭단 생각을 종종 하게 되었다.

얼마간의 시간이 흐른 후 약속을 했다. 글쓰기, 노래와 꽃을 좋아하는 취향이 같고 성당에서 믿음을 다지는 사람이니 대화는 통하리라 생각하면서 미동산수목원을 목적지로 잡았다. 그는 꽤 일찍 약속장소인 버스정류장에 나와 있었다. 오늘따라 버스가 늦게 오고 신호등마다 멈추고 늑장을 부리는 것 같음은 마음만 급한 나의 조바심 때문인가 보다. 결국, 약속보다 늦게 도착하며 어색한 웃음을 날린다.

버스에서 내리는 나를 반갑게 맞아준다. 그런데 옛날의 그가 아니다. 나이가 들어 머리는 희어지고 대머리에 약간 굽어진 허리, 어색한 걸음걸이 하며 솔직히 실망이다. 나 또한 세월이 흘러 늙고 볼품없겠지만 그의 모습은 뜻밖이었다. 그 흔한 차도 없고, 나보다 키도 크다고 볼 수 없으니 어느 것도 나를 흡족하게 할 수는 없었다.

미동산수목원을 걸으며 긴 이야기를 했다. 뭔가 대화가 계속 이어지고 있었다. 서로 생각이 다르지 않고 취미도 비슷하다 보니 자연스럽게 끊어지지 않게 이야기를 나눌 수 있었다.

약속한 것도 아닌데 그도, 나도 각자의 수필집을 가져왔다. 간단히 내가 만들어 간 송편과 과일을 간식으로 먹으면서 이런 저런 이야기를 나누었다. 갑작스러운 천생 여자로 참한 친구의 죽음을 애달프게 여기며 서로 슬픔을 나누면서 안타까워하기도 했다. 식물원과 온실 속의 꽃을 완상하면서 꽃에 얽힌 이야기며, 꽃과 식물이 문학에 나타난 작품 등 어떤 이야기를 해도 풍부한 그의 지식이 참 다양하고 박학다식하다.

점심을 먹고 나오는데 마침 미원 장날이어서 장 구경을 한다. 늦은 오후 시골장은 이미 파하기 시작했고 길거리에서 우리는 서로 잘 키워서 멋진 꽃을 피워보자며 그는 제라늄과 수선화를, 나는 수선화와 아네모네를 샀다.

왠지 버스에서 내리는 그가 안쓰럽다. 뭔가 나를 충족하게 하지 못할 것 같은데도 나는 끌려가고 있다. 세상의 때가 묻지 않은 그의 순수함과 순진함, 착한 성품과 번지는 학자처럼 진지한 모습, 처음 마뜩찮았던 생각과 달리 호감이 가고 있는 것은 인연이 될지도 모르겠다는 생각이 들었다.

외로움을 달래줄 수 있는 대화의 상대, 함께 식사할 수 있는 밥 친구를 약속하며 때로는 만나 식사를 같이하게 되었다. 좁은 바닥에서 누굴 만나면 어쩌지 좀 걱정은 되지만 건전한 만남이기에 그렇게 남을 의식하진 않으리라. 그도 떳떳이 주변에 숨기려 하지 않고 식구들에게조차 말할 수 있음은 같은 신앙인이며 건전한 만남이기 때문일 것이다. 대중교통을 이용해야 하는 불편함도 있지만, 한편으로는 서민적이어서 좋았다. 그는 잘난 척하지 않는다.

설령 원하고 기대하는 점이 부족하다 해도 대화로 소통하려는 태도만으로도 흐뭇한 사이가 될 듯하다.

3부

컴퓨터도 내 친구

뿌리 내리기

오늘도 일찍이 잠에서 깨어 곧바로 현관 밖으로 나간다. 현관 앞에 서면 먼저 나의 친구들을 휘둘러본다. 지난밤 이별 뒤에 얼마만큼 변했을까? 내가 그들을 반기듯이 그들도 나를 반긴다. 시간이 날 때마다 그들을 보는 것이 유일한 낙이다.

잠 못 이루는 한밤중이거나 새벽, 시도 때도 없이 그들을 보고 있노라면 모든 것을 잊을 수 있어 마음의 평안을 얻기도 한다. "이 집은 수목원 같아." 봄철 야생화가 알록달록 피어날 때는 "와, 꽃 대궐이네." 보는 이들은 감탄한다. 집에 들어오면서 하는 이 말은 나를 기쁘게 해 준다. 정말 울긋불긋 꽃 대궐 안에 서 있는 또 다른 내가 나비처럼 이 꽃 저 꽃으로 날아다니며 사랑을 나눈다.

수목원처럼 집안을 가득 채운 화분을 보면 언제 보아도 흐뭇하다. 요즈음 사람들은 집안에서 동물을 많이 키운다. 전에는 애완동물이라 칭했지만, 요즈음은 반려동물이라고 이른다. 가끔 강아지를 안고 나와 입맞춤하고 자식한테 하듯 '엄마가 보고 싶었어?' 뽀뽀하기도 하며 사람한테 하듯이 대화를 한다. 말귀를 알아듣기라도 하듯 귀를 쫑긋 세우기도 하고 눈이 반짝거리기도 한다. 별로 동물을 좋아하지 않는 나로서는 어떻게 저러지. 자기도 강아지인가? 지가 어찌 강아지 엄마야. 이해하지 못했다. 이젠 조금 이해가 간다. 그 못지않게 나는 식물을 좋아하기 때문이다. 동물을 좋아하거나 식물을 좋아하거나 매한가지 아니던가.

나의 작은 화단에 앉아 식물과 대화를 나눈다. 생명을 가진 모든 것들 동물도 식물도 사랑을 먹고 자란다. 사랑을 먹은 것들은 윤기가 자르르 활력 있게 살아가고 있음이 보인다. 우리는 서로 사랑하며 살아야 한다는 생각으로 가슴에 사랑을 담고 살겠다고 마음먹는다. 집안에서 마당에서 작은 화단에서 숨을 쉴 수가 없다고 고개를 삐죽 내밀고 부딪치는 잎들을 보면 가지치기를 해 주어야 한다. 조화를 이루도록 휘어진 가지를 잡아 균형을 맞추며 숨통을 틔게 해준다.

이제 겨울이 오면 관리하기 힘들 것을 대비해 가능하면 가짓수를 늘리지 않으려고 노력한다. 하지만 어쩌랴. 길을 걷다가도, 산이나 들에서도 누가 볼세라 슬그머니 꺾어 오기도 한다. 어느 집을 방문했을 때도 특이한 꽃이나 식물을 보면 나도 모르게 '얘들아, 미안하다.'며 가지를 잘라온다. 나는 식물을 좋아하는 것일까? 사랑하는 것일까? 그렇다면 나는 잘못된 사랑을 하는 것은 아닌지, 나무들을 괴롭히는 짓은 아닌지…. 그러면서도 여전히 손이 간다.

깨끗한 물에 정성을 다해 모래를 씻고 또 씻어 균이 없고 영양분 없는 모래땅에 꺾꽂이한다. 물이 마르지 않도록 정성을 다한다. 나무에 따라 조금씩 차이는 있지만 한 달에서 두 달 정도면 새싹이 돋고 생기가 나기 시작한다. 새싹을 틔우고 자라기 시작하면 아! 뿌리 내리기 성공한 것이다. 새로운 자식이 태어나듯 환영하며 그들은 새로운 화분에 옮겨 심는다. 내 손이 무슨 신의 손이나 된 것처럼 기분이 좋다. 화분에 옮겨 심으면 완성이다. 잘 가꾸기만 하면 또 다른 내 친구가 된다. 때로 뿌리 내리지 못하고 잎이 누렇게 떠 죽었을 때는 마음이 아프다.

꺾꽂이 성공률이 꽤 높은 것을 보면 관심과 사랑으로 정성을 쏟은 보람이지 싶다. 이렇게 늘린 화분을 다른 사람들에게 분양해 줄 수 있는 것도 큰 기쁨이다. 이것들을 시집보내며 약간의 아쉬움도 있지만, 누군가가 나처럼 꽃 사랑을 나누며 기쁘게 해 줄 생각을 하면 흐뭇한 것을 어쩌랴.

미처 물을 주지 못하면 고개가 배배 꼬여 숙이고 만다. 자양분이 모자라 누렇게 잎이 뜨고 처져 있는 모습은 나의 손을 바쁘게 한다. 철 따라 번갈아 피우는 꽃은 나의 마음을 푸근하고 행복하게 한다.

이듬해 봄이면 언제 심어 놓았는지 기억조차 희미한데 어느새 새싹을 돋우고 꽃을 피우는 것 또한 나의 보람이다. 사랑을 주면 그들은 절대 배반하는 일이 없다. 언제나 그들은 나의 사랑이며 희망이고 즐거움이다.

내 일생일대의 리모델링

집과 여자는 가꾸기 나름이다. 흔히 들어 온 말이다. 이 주택을 지어 20년 넘게 살면서 거의 손을 대지 않았다. 70년을 넘게 사용하기만 한 내 몸 또한 마찬가지다. 어린 시절, 꿈과 희망을 키워 왔던 자식들의 소중한 추억들이 가득한 곳, 안방엘 가면 함께 앉았던 그 자리에 앉아 있을 것 같은 남편의 환상. 곳곳에 묻어 있는 남편의 손때가 손을 댈 엄두가 나질 않게 했다. 이젠 한계에 다다른 것이다.

집을 팔고 다른 곳으로 이사를 하거나 수리를 하지 않고는 도저히 견디기 어려울 만큼 집은 낡아가고 있었다. 장마철이면 어김없이 스며드는 물, 파랗게 변한 벽의 곰팡이, 그 냄새 때문에 집에 들어가기 싫었다. 리모델링이란 생각만 해도 겁이 났다. 몇십 년 동안 버리지 못하고 묵혀온 살림, 내가 생활을 해야 할 곳, 어떻게 해야 할지 나 혼자 감당하기엔 너무 벅찼다. 집만 생각하면 짜증이 나고 우울증에 걸릴 것 같아 마음을 다 잡지 못하고 있었다.

그 나이에 무슨 수리냐며 편하게 아파트로 가라는 사람과, 집만 낡아가는 것이니 간단히 고쳐 살라는 사람들의 말에 이래야 하나, 저래야 하나, 마음이 흔들렸다. 집을 팔기란 그렇게 쉽지 않다. 요즈음 아파트를 선호하는 추세이고 보니 아파트값만 오르고 단독 주택값은 내려가고 있는 게 현실이다. 이쯤에서 결정을 내려야 했다. 아이들이 오고 가족회의를 열었다. 두 번의 가족회의 끝에 정든 곳을 떠나는 것에 엄두를 내지 못하는 나를 위해서나, 아파트에서 아래층 소음 때문에 마음 놓고 뛰지 못하는 손자들을 위해서 리모델링을 하기로 결정을 내렸다.

묵은 때를 벗겨내듯 기와를 벗겨 내고, 장식장이 빠져나가고, 목재들이 요란한 소리와 먼지를 내며 떨어져나간다. 온통 먼지를 뒤집어쓴 아저씨들이 땀을 흘리며 일하고 있다. 하나하나 뜯겨 나가는 모습을 보며, 지금까지의 모든 애환, 그리움, 슬픔, 함께 떠나보냈으면 좋겠다. 나를 두고 먼저 떠난 남편도, 각기 가정을 꾸려 나간 자식들도, 모두 마음에서 떠나보내고 홀로서기를 해야 한다. 이참에 내 마음도 리모델링을 좀 해 보아야겠다. 가장 낮은 모습으로 과거에 집착하지 말고 현실 안에서 나의 희망도 만들어 보고, 작은 목표도 세워보자.

'혼자 뭘 하러 이렇게 큰 공사를 하느냐.'고 솔직하게 말해 주시던 분들의 입에서도 잘했다는 말이 나오고 감탄사가 나오게 하자. 열심히 꿈들을 이루어 나가자. 나에게 주어진 환경을 최대한으로 활용하면서 행복 속으로 걸어가는 거다. 꿈을 꾸고 이루어지도록 기다리자.

붉은 벽돌 위에 방수 시멘트가 발라지고, 새로운 돌이 붙여지기 시작했다. 나무창틀이 알루미늄 창틀로 하나하나 바뀌었다. 예전의 집은 간 곳이 없고, 흔적이라고는 현관으로 향하는 대리석계단뿐이다.

내부와 외부 모두가 완전히 변화하기 시작했다. 창문이 떨어져 나가고 외벽의 벽돌까지 바꾸려 하니 만만찮게 들어가는 돈 또한 무시할 수 없다. 하나를 고치면 또 하나가 나오고, 이것저것 마음에 들지 않는 곳이 나오게 마련이다. 결국은 손 볼 때 확실하게 해 두는 게 현명할 것 같아 모두 손을 보았다.

한 달여의 기간을 이웃에 있는 동생 집에서 기거하며 아침 저녁으로 현장엘 들렀다. 하나하나 변해가는 모습이 새로웠다. 그동안 짐들은 이삿짐센터에서 맡아 주었다. 하얀 나무와 벽지로 변한 천장 위에선 멋진 조명이 나를 황홀하게 만든다. 문지방이 없어지고 탁 트인 집안 분위기는 180도 달라져 있다.

어둡던 집이 환해지고, 넓은 거실, 그 옆 온실엔 예쁜 꽃으로 채우기 시작했다. 알루미늄 현관문은 중후하고 든든하다. 얼마나 산다고 이 나이에 하며 후회도 해 보고, 스트레스도 받으며 시작한 것이지만 잘한 선택이었다. 십 년만 더 일찍 했더라면 하는 아쉬움도 있다.

나 또한 십 년만 일찍 나를 개발하고 모든 일에 적극성을 띄며 사회 속에 발들여 놓았더라면 좋았을 것이라 생각하게 된다. 하지만 지금이 가장 적합한 때라 생각하고 생각과 행동 젊은이 못지않은 열정으로 모든 것을 리모델링하여 새로운 나를 만들어 가리라.

도심 속의 전원주택 같기도 하고, 꽃의 궁궐 속에 사는 여왕이 된 기분이다. 사람은 자기 현실에 맞게 살아야 한다. 내가 가진 것에 만족하고 내게 주어진 환경에 만족하며 살고자 노력했다. 내게는 이 집도 대만족이다. 아름다운 집이다. 기와를 내리고 회색 돌을 붙인 대문 위엔 장독대가 되고, 장독으로 오르는 계단엔 머루가 예쁜 이파리와 열매를 달고 벽을 따라 타고 올라가고 있다, 장독은 우리 집 먹거리의 보물 공간이다. 된장, 간장, 고추장, 장아찌 등이 오지항아리에 담겨 있다. 그 옆 공간에는 화분을 놓았다. 꽃 대궐 안에 왕비로라도 된 기분으로 리모델링의 기쁨을 맘껏 누린다. 나의 소일거리 작은 채소밭엔 열무와 상추가 다투어 자라고, 한옆에선 고구마가 잘 자라고 있다. 벽을 타고 내려가는 고구마 줄기의 모습이 정겹다. 평소 볼 수 없었던 고구마 줄기에 고구마 꽃이 예쁘게 피었다. 풀을 뽑으며 행복해 하고, 장독을 윤기 나게 닦으며 또 행복하다.

이 집을 열심히 가꾸고 다듬어 누가 보아도 쉬어가고 싶은 집, 오며가며 꽃구경도 하러 들르는 편안한 집으로, 내 마음의 보금자리로 꾸려 나가리라. 기왕이면 혼자 살지 않고 이웃과 더불어 사는 치유의 집이 되게 하리라.

가을에 핀 모란

청명한 가을 하늘 아래 무심천 변의 붉은 칸나가 바람에 몸을 흔든다. 잠시 쉬고 싶은 고추잠자리가 흔들리는 꽃 위에 앉고 싶어 안달이 났다. 칸나와 사랑놀이라도 하고 싶은가 보다. 잠자리를 놀리는 바람의 심술이다. 저희끼리 놀게 놔두면 좋으련만 끼어든 바람이 얄밉다.

문자도文字圖의 잉어와 코스모스 속에 쓰인 '가을 속 민화전'

깃발이 바람에 힘차게 펄럭인다. 세상 두루 맴돌다 전해주고 싶은 소식이라도 있는지. 이곳으로 달려와 보라는 듯 숨 가쁘게 흔들어 댄다. 전시장 안에서 보는 바깥 풍경과 곱게 핀 모란, 코스모스, 연꽃, 수국, 국화를 담은 모란도와 화훼도, 화조도, 봉황도등 전시된 작품들이 가을과 잘 어울려 안팎이 조화롭다.

우연히 복지관을 지나다 민화 시연에 참석하게 되었다. 난생 처음 선생님의 권유로 가장 쉽고 기본단계인 복숭아를 그렸다. 평소 그림을 좋아했고 배우는 것에 시간을 아끼지 않았던 내게는 아주 좋은 기회였다. 민화는 지극히 소박하고 인간적이며 기복적인 의미와 선인들의 얼과 멋이 들어 있고 우리의 정서가 잘 녹아든 그림이다.

그림을 그리려면 여러 번 과정을 거쳐야 하는 게 좀 번거롭다. 종이에 물을 들이고, 기름칠하고 다 마른 후 시작을 한다. 밑그림을 그려놓고 밑 색을 칠한 다음 바림을 한다. 선을 치고 꽃술을 찍으며, 몇 번씩 손길이 가야만 한 송이 꽃을 피우게 된다. '아! 예쁘다. 정말 예쁘다, 살아 있는 것 같아.' 예쁘다를 반복하며 그림에 최면을 건다. 그래야 예쁜 꽃으로 그려진다는 생각으로 자랑하고 칭찬하며 내 사랑으로 피운 꽃이다. 모든 것에 사랑을 주어 잘 자라고, 한땀 한땀 수를 놓듯 정성을 쏟아 낸 꽃송이들이다. 스스로 감탄하고 도취해 들여다본다. 나무, 학, 연꽃, 물, 바위 등 모든 것들은 여러 번 손길이 지나야 완성을 할 수 있어 그림에 푹 빠지다 보면 시간 가는 줄 모른다.

민화에서 모란도는 부귀영화를, 석류는 다산을, 여의주를 물고 하늘로 승천하는 용의 그림 어룡도는 입신양명을, 학과 거북이는 장생을, 바위는 재산을 상징하는 등 그림에는 반드시 뜻을 담고 있고 뜻은 반드시 길상이다. 자식이나 친지, 지인들에게 뜻에 맞추어 선물하기에 좋다. 문자도文字圖의 '효孝와 제弟'는 부모에게 효도하고 형제간의 우애를 뜻하니 가리개를 만들어 자식들에게 선물해 주어도 좋고, 석류는 자식을 원하는 사람에게 주어도 좋다. 받는 사람과 그림의 뜻에 맞게 사랑과 기원을 함께 그리는 이의 정성을 담아낸다. 오랜 세월 우리 전통 수법으로 전해져 온 민화는 민간에 널리 번진 예술로 소재도 많고 누구라도 그릴 수 있어 친근감도 준다. 그런데도 시대의 발전과 문화의 변화에 뒷전으로 밀려나 있는 것 같아 안타깝다.

민화를 공부한 지 벌써 삼 년째다. 그동안 전시회란 꿈도 꾸지 못했는데 교차로에서 무료로 문화공간을 대여해 주어 회원전을 갖게 되었다. 내 작품과 회원들의 작품으로 하얀 벽 공간을 채워 나갈 때 마냥 행복했다. 한 작품을 몇 번씩 봐도 늘 새로운 느낌이 든다. 같은 소재의 작품이 함께 걸려 있어도 서로 다르게 다가오는 그림이다. 아마도 그린 이의 손놀림이 다르고, 솜씨가 다르고, 서로 다른 마음이 담겨 있기 때문이다. 어느새 나는 민화 속으로 빠진 여인이 되었다.

나무는 꽃을 피우고 잎을 피우고 잎조차 지고 나면 다음 해를 기다려야 한다. 때가 되면 다 내려놓고 떠나야 하는 우리 인생을 민화란 예술작품으로 살려낸다면 생생한 나무로, 꽃으로 오래오래 살릴 수 있으리라.

내 그림 속 가을에 핀 모란들이 활짝 웃으며 행복을 노래한다.

팔 년 만에 피운 꽃

팔 년 만에 꽃을 보았다. 청초하고 가냘프게 한 대에 층층이 다섯 송이가 자랑스럽게 고개를 세우고 있다. 두 대공이다. 고고한 자태로 고개를 세운 우아한 꽃은 환희다. 생각지도 못했다. 그동안 꽃은 볼 수 없었지만, 절개의 상징 난을 쳐 놓은 듯 우리들의 정서에 맞기에 잎 보는 것만으로도 좋아 열심히 가꾸어 왔다.

유난히 꽃을 좋아하는 나다. 다른 사람들이 집안으로 발을 들여놓으며 많은 식물에 놀라기도 한다. 집에 들어오면서 "할머니! 식물원 같아요."라며 노루귀, 매발톱꽃, 은방울꽃, 참나리, 금낭화 등 야생화를 가리키며 이름을 대는 손자가 대견스럽기까지 하다.

꽃을 좋아하는 사람들에게 아낌없이 분양도 해 준다. 허브(난타, 로즈메리, 라벤더), 천리향, 무화과, 수국 등 몇 개씩 뿌리 내린 것을 가져가며 좋아하는 사람을 보면 흐뭇하다.

비교적 꽃을 잘 키운다고 생각했는데 유독 난만은 꽃을 피우기가 힘들었다. 꽃의 속성도 잘 모르고 기술이 부족하다고 생각하면서도 꽃을 피우지 않는 몇 개의 난을 계속 키우고 있다. 꽃을 피우지 못하고 있는 것이 기온이 맞지 않은 것인지 환경이 못마땅한 것은 아닌지 마음 쓰면서 지금까지 열심히 키워왔다. 올해에는 분갈이도 해 주고, 비도 자주 맞춰 주며 직사광선을 피해 들여놓았다 내놓았다 반복하며 다른 해보다 더욱 정성을 쏟았다. 그 까닭인지 꽃을 피운 건 감동, 그 자체였다.

환갑을 맞아 책 출간 기념회 때 인연을 맺은 몇 개의 난이 있다. 꽃을 피우진 못했지만 그래도 죽이지 않고 정성스레 키워

왔던 보람이 있다. 이 난은 여고 시절 펜팔로 맺었던 남학생과 시험지를 주고받으며, 함께 열심히 공부하였던 친구에게서 온 것이다. 그는 이제 70의 할아버지가 되었다. 아주 우연히 백일장에 썼던 글이 연결되어 다시 소식을 접하게 되었다. 앳된 여고 시절의 내가 황혼을 맞은 나이로 다시 재회하기에는 머릿속에 새겨진 환상이 깨어질까 사실 두렵다. 일 년에 한두 번 하는 안부 문자가 전부였다. 공인이 된 그는 오지 못하고 꽃 배달서비스로 이 난을 보내 왔다. 청초하고 우아하게 아주 오랜 기다림 끝에 핀 꽃을 보니 그가 생각난다.

소식을 전하고 싶었다. 세월이 멀리 왔으니 변화는 당연한 것, 이제 와서 무슨 감정이 남았겠는가. 사람은 추억을 먹고 산다고 했던가. 한 조각 추억이라도 남아 서로 잊지 않음을 감사하며 아주 가끔 생각이 날 때 문자를 띄운다. 오늘 사진을 잘 찍어 그에게 기쁜 마음을 전해 주었다. 그에게서 답이 왔다. '아주 긴 시간이 강물처럼 흐른 후에 우린 소식을 전하는군요. 여고 복장의 양서비를 생각해 보네요.' 그는 이렇게 내 이름을 소리 나는 대로 부르곤 했다. 피식 웃음이 난다.

동양란 꽃을 보는 것은 기다림의 미학이라 한다. 그만큼 까다로운 조건을 가지고 있는 동양란 '철골 소심'이다. 일 년에 한 번을 어김없이 피는 꽃도 신비롭기만 하다. 난 분갈이 해 줄 때만 해도 꽃을 피울 기미란 보이지도 않더니 팔 년이나 꼭꼭 숨어 있다가 어디에서 나타난 것일까. 꽃봉오리 아래 매달린 감로수 방울을 살짝 찍어 입에 대 보니 달착지근하다. 무슨 좋은 일이라도 생길지 은근히 기대도 해 본다.

우리 동네에 내 집처럼 단골로 다니는 식당이 있다. 그날도 혼자 밥을 먹으러 갔다. "선생님, 난이 피었어요. 좋은 일이 있으려나 봐요." 환하게 웃으며 내게 자랑을 했다. 그리고 며칠 후 신기하게도 좋은 일이 생겼다. 남편을 교통사고로 떠나보내고 일할 수 있고 돈을 벌 수 있어 감사하다며 주머니 속에서 꼬깃꼬깃한 돈을 어린아이처럼 한주먹 꺼내 보인다. "아침 장사를 이만큼 했어요." 행복해하며 밝고 환하게 웃는 그의 얼굴은 보는 사람도 기쁘게 해 준다. 그녀의 모습은 언제나 밝고 환하다. 몇 년을 다녔어도 찡그린 얼굴을 본 적이 없다. 힘들어도 즐겁고 행복하고 신바람 나게 삶을 사는 여인, 그에게 좋은 일이 생겼다. 새마을금고에서 3등에 당첨되어 상금을 타게 되었다는 전화가 왔다. 난이 행운을 가져 왔나 보다며 우린 함께 좋아했다.

똑같은 종류의 난이다. 나에게도 무슨 좋은 일이 있지나 않을까 은근히 기대해 본다.

꽃 속에 다정스러운 그의 미소가 어두운 방에 불을 밝히듯 온 방 안에 향기가 그윽하다.

컴퓨터도 내 친구

네 살짜리 외손자가 컴퓨터를 켜 놓고 게임을 하고 있다. 손자들이 컴퓨터를 켜 놓고 나가면 어떻게 꺼야 할지 몰라 전전긍긍하였다. 입력된 것들이 지워지거나 망가질까 봐 함부로 끄지도 못하고 아들이나 딸에게 전화하고 진땀을 빼기도 했다. 벌써 십수 년 전 이야기다. 워드로 작성을 해야 할 일이 있으면 컴퓨터 문외한인 나는 아들에게 부탁하여 처리하곤 했다. 그때그때 일을 처리할 수는 있었지만 계속되다 보니 어느 날부턴가 눈치가 보이기 시작했다. 고기를 잡아 줄 것이 아니라 고기 잡는 법을 가르치라는 유대인의 교육을 생각했다. "네가 대신해 줄 것이 아니라 나를 가르쳐 주는 게 어떻겠냐."는 나에게 "컴퓨터 무료 교육장이 얼마나 많은데요." 취업준비에 한참 바쁜 아들에겐 무리였으리라. 찾아보니 정말 많았다. 기계공고, 평생학습관, 노인복지관, 지역주민 센터 등등 내가 아는 곳만도 여러 군데다. 평소 기계치인 내가 엄두도 내지 못하다가 용기를 내어 엘지와 삼성 컴퓨터 두 군데서 무료강좌를 듣기 시작했다. 명칭과 기초를 시작으로 엑셀, 워드, 문서작성 등을 배우고 인터넷을 배웠다. 컴퓨터가 얼마나 편리한지 상상하지 못할 정도다. 할 수 있다는 것이 자랑스러웠다. 궁금한 것이 있을 때면 인터넷으로 찾는다. 인터넷은 모르는 것이 없는 만물박사다. 참으로 여러 가지를 한다. 인터넷 판매를 하고 사람을 찾고, 여러 가지 정보를 찾을 수도, 교환할 수도 있다. 문명의 발달로 많은 변화 속에서 배우지 않으면 답답한 세상이며, 열심히 세상 속으로 파고들어 배우고 나면 편리한 세상이다.

아이들 다 출가시키고 나니 때로 밤이 지루하고 싫을 때가 있다. 그런 내게 한 젊은 친구가 채팅을 해 보란다. 별로 유익한 것이 아니란 생각에 흥미가 없었지만, 호기심에 대화방엘 들어가 보았다. 들어가서는 누군가와 감히 대화할 엄두도 내지 못하고 다른 사람들 하는 것만 구경하다 나오곤 했다. 재미있는 것 같기도 해서 가끔 들어가 다른 사람 하는 것 구경을 하다 보니 하나둘 구면인 사람을 만나게 된다. 생각 밖으로 모두가 건실했다. 대화하다 보면 그 사람의 성향을 대충은 알 수 있다. 서로 얼굴을 보지 않고 메일을 주고받고 대화를 하다 보니 인터넷에서 여러 가지 문젯거리가 될 수도 있겠구나. 걱정할 만도 하다. 하지만 자기 주관이 뚜렷하고 바른 자세 바른 마음으로 대화를 한다면 바람직한 일이 더 많다.

컴퓨터 속에 있는 무궁무진한 지식을 다 어떻게 알겠는가. 기본만 알고 있는 것에 불과하지만 나도 모르게 작은 지식으로 많은 시간을 컴퓨터와 친구 되어 있다. 해외 어느 나라든 얼굴을 보며 메신저를 이용하여 무료로 대화할 수 있어 외국에 가 있는 친구, 친지들과 부담 없이 대화할 수 있다. 얼마나 편리한가. 세상이 하나 된 느낌이 들고 그 안에 들어가 있으면 시간 가는 줄 모른다.

'46 개띠 친구들' 동갑내기 카페에 가입하게 되었다. 전국적인 모임이고 보니 많은 사람을 알게 되었다. 봄, 가을 정기 여행도 가고, 매월 산행도 한다. 지방에 있어 나는 자주 참석하지 못하지만, 동갑이란 서로 격이 없고, 어릴 때부터 함께 놀던 친구와 같다. 연말이면 일 년 정기모임을 한다. 서울 친구들이 많다 보니 주로 서울에서 갖게 된다. 프로그램을 짜고 장기자랑도 한다. 창을 하는 친구, 고전무용을 하는 친구도 몇 있어 넉넉하고 부드럽게 펼치는 춤사위도 볼 수 있다. 하모니카를 연주하는 친구도 있고, 전국 노래자랑에서 상을 탄 친구도 있어 연회장은 흥에 담뿍 젖어 있기도 하다. 1박 2일 저녁에 모여 다음날은 간단하게 명승지를 관람하고 헤어진다. 내 취미에 맞는 문학 카페에도 가입하여 서로 글과 지식을 나누기도 하고 공유하다 보니 다양한 지식을 쌓고 견문을 넓히기도 한다.

건전한 모임이다. 누가 우릴 보고 나이 먹었다 했던가? 어린아이가 따로 없다. 컴퓨터가 주는 이와 해를 본다면 정말 이로운 일이 훨씬 많다. 문명의 발달에 한 발 들여놓고 낙오되지 않고 세상 속에 함께 살아갈 수 있음에 자신감이 생긴다. 나이에 상관없이 배우려는 생각과 도전하는 사람은 아름다워 보인다.

구피를 기르며

구피를 키우며 내가 받는 즐거움은 매우 크다. 혼자 할 일이 없거나 잠에서 깨면 제일 먼저 하는 일이 구피와 이야기하기다. 잘 잤니? 얘들아 시작이다. 어항 앞에만 가까이 가면 한 곳으로 우르르 몰려오는 것들이 참으로 신기하다. 어찌 먹이를 주는 줄 알고 모이는 것일까?

잡종 구피와 토종 구피를 따로 두 어항에 키우고 있다. 토종 구피는 붉은색만을 띠고 금붕어같이 넓은 뒤꼬리를 가지고 있다. 한들거리며 수놈의 유영하는 모습을 보는 즐거움은 무엇에 비길 수 없다. 잡종 구피는 나름대로 무지갯빛을 띠기도 하고, 푸른빛을 띠기도 하며 색깔이 서로 다른 예쁜 모습을 띠고 있다.

배가 남산처럼 불룩하여 새끼 낳을 때가 된 듯싶으면 얼른 분리해서 따로 내놓는다. 잘 관찰해 보면 어항을 올라갔다 내려오기를 계속 반복한다. 그들도 일종의 진통을 한다. 그러면 얼마 가지 않아 알을 낳는 것이 아니라 새끼를 직접 낳는다. 새끼를 잡아먹는 습성이 있기 때문에 새끼 낳을 때가 되면 작은 어항에 옮겨놓는다.

어느 날부터 이상한 일이 벌어졌다. 새끼들이 어미를 닮은 붉은색을 띤 구피가 아닌 검은색을 띤 잡종이 되어 나왔다. 이유를 모르겠다. 낳는 것마다 토종은 없고 잡종들만 나오니 어찌된 일인가? 몇 배를 그렇게 낳았는지 모르겠지만 늘 기대와 달리 잡종이라니….

식구들이 모두 모였다. 유심히 보던 딸이 "엄마 왜 여기에 잡종 수놈이 들어가 있어요?" "잉, 그럴 리가!" 아들도 보더니 그렇단다. "엄마 눈이 어두워 수놈 고기가 붉으니 이곳에 넣었나 보네요."라며 건져 내어 제자리에 넣어 주었다. 미꾸라지 한 마리가 온 물을 흐려 놓는다더니 열 마리가 훨씬 넘는 토종 수놈들이 잡종 한 마리에게 밀려 버린 것이로구나. 이런 동물의 세계에서도 이렇게 강한 놈이 우세한 건 인간의 세계와 다른 바가 없음을 알게 한다.

제대로 전처럼 순종 새끼를 낳으려면 얼마간의 시간이 걸릴지 모른다니 내가 얼마나 한심스러운 짓을 저질러 놓았는지. '참 이런 실수를 하다니.' 매일 들여다보며 순종이 아닌 검은 새끼를 낳으면 새끼들을 건져내려고 하니 본능적으로 살아남으려는 집념 때문인지 너무 빨리 도망쳐 잡아내기도 힘이 든다. 구피는 한꺼번에 새끼를 많이 낳는다. 많게는 오십 마리도 넘게 낳는다고 한다. 우리 집에서는 삼십여 마리가 최고 많이 낳았다. 오늘도 잡혀 먹어도 상관없다고 생각하고 배부른 구피를 내놓지 않았는데 벌써 14마리나 건져냈다.

구피를 보며 단일민족이라고 자랑하던 우리나라의 변화를 생각해 본다. 힘든 일을 하지 않으려고 도시로 나가고 일하기를 싫어하니 그나마 남은 농촌 총각들이 결혼하기 힘든 세상이 되었다.

적잖은 농촌 총각들이 외국에서 배우자를 맞이해 오는 시대가 되어 이제 다문화 시대를 긍정적으로 보아야 할 시점에 이르렀다. 기왕에 외국에서 신붓감을 데려왔으니 거기에 그치지 말고, 다솜으로 서로 이해하고 배려하며 배울 점은 배우고 살리며, 우리 문화와의 융화로 글로벌 시대에 맞추어 나감이 현실적이다.

저 구피들의 종족 번식을 생각해 본다. 많은 새끼를 낳아 놓고 강한 놈들만 살아남아 있다. 가시고기처럼 제 살을 뜯어 먹이며 새끼들을 키우기도 하는데, 자기 종족을 잡아먹는 것이 아무리 생각 없는 물고기라 해도 이해를 할 수가 없다.

토종 구피를 유지하고 키우고 싶어 어항에 따로 넣었는데 나의 큰 실수로 이렇게 되고 보니 생각이 뒤죽박죽이다. 다시 토종으로 바뀔 때까지 열심히 분리작업을 해야지 하면서, 한편으로는 색다른 구피가 나오지나 않을지 기대가 되기도 한다,

토종 구피를 고집해야 할지, 따로 키워서 다양한 물고기로 번식시켜 보아야 할지 갈팡질팡이다.

춤으로 힐링을

조용히 음악이 흐른다. 무언가를 간절히 호소라도 하고 싶은 것일까? 아름다운 선율 위로 흐르는 동작은 그리 매끄럽지도 아름답지도 않다. 월요일 오후 여섯 시 반부터 2시간 동안 대학생들과 함께하는 시간이 있다. 처음엔 학생들과 함께하는 것이 부담스러워 많이 망설였다. 한 달 두 달 날이 갈수록 이 시간에 매력을 느끼고 기다려지기까지 한다.

발레리나의 멋들어진 춤도 아니요. 고고한 학의 춤도 아니다. 그저 평소 하는 몸동작을 자유롭게 할 뿐, 어떤 동작의 특징이나 어려움은 더더욱 없다. 두 손으로 작은 공을 만들어 그 안에 집어넣는 동작을 했다. 평소 버리고 싶은 것들을 하나하나 생각하며 공안에 넣어 버리는 거다. 미움과 분노, 위축되었던 모든 것을 하나의 동작을 하며 깊숙이 내면의 세계로 몰입하도록 만든다. 진지하게 공을 쓰다듬기도 하고, 가지고 놀기도 하며, 띄워 보기도 한다, 아주 소중한 것처럼 쳐다보기만 하는 사람도 있다. 멀리 던져 버리는 시늉도 한다. 개개인 동작 하나하나에 나름대로 생각과 소중한 것들이 들어 있다. 동작이 끝나고 나면 우리는 동작에 대한 내 이야기를 끄집어내어 발표한다.

그렇게 한 주 한 주 배워 가면서 우리는 주저함이나 쑥스러움 없이 모든 마음을 열 수 있었다. 폐쇄 경직된 마음을 동작하면서 풀어 주고 친하게 될 수 있다. 나는 이 치료법을 배우면서 운동도 할 수 있고, 내가 표현할 수 없던 부분과 가슴에 감추어 두었던 나의 잘못, 나의 단점을 알아 버리는 방법을 터득해 나가기 시작했다. 나를 내어놓고 잘못과 미워했던 마음을 모두 춤으로 표현하고 나니 점점 밝아지는 내 모습을 볼 수 있어 좋았다.

춤은 인류의 시작과 함께 제례나 의식 속에 종교가 함께 있어 왔으며 원시사회에서는 근본적 목적을 달성하기 위해 표현할 수 없는 공포, 경외, 숭배 등을 주술적 언어 및 동작으로 나타냈다.

무용 동작 치료는 춤을 이용하여 물리적 힘으로나 약물로 치료되지 않는 부문을 사회성 복귀를 위한 신체적 정신의 종합 감성을 위한 창조적 표현을 한다. 신체에 대한 인식과 자신감 향상, 다양한 신체 부위와 근육의 긴장 완화, 이완의 조절을 해 준다. 신경의 기능향상과 순환기 회복 등을 통해 내적 자기를 표현할 수 있고, 부정적 개념을 감소시켜 준다. 심신의 통합에 긍정적 효과가 있게 해 주기도 한다. 이처럼 무용 치료는 동작을 심리 치료적으로 사용하여 개인의 감정과 정신을 온전하게 하는 목적으로 대상자의 즉흥적 동작 형태가 참 자아를 만나고 행복해지는 작업이라 하겠다. 어쩌면 무속인들의 춤이 어떤 경지에 다다르면 작두 위를 밟고 춤을 추어도 베이지 않고 병을 치유할 수도 있었던 것처럼 자신이 내면의 세계로 깊이 빠질 수 있어 나를 끄집어내는 힘이 작용한다 할 수도 있겠다.

나는 이 치료법을 나 자신을 위해서라기보다는 치매 노인이나 정신질환자들에게 자원봉사하고 싶어 배우기 시작했다. 오늘은 여행한다. 걷기도 하고 자전거도 타고 비행기를 타고 날기도 하며 나의 목적지를 향해 마음껏 탈 것들을 탄다. 산도 지나고 바다도 지난다. 개개인의 특성대로 동작으로 표현하며 여행을 한 소감을 말하기도 한다.

지난주는 좁은 길을 걸어 보기도 하고, 큰길을 만나기도 하며 걷는 동작을 한다. 사람마다 걷는 모습도 다르고 생각하는 방향도 다르다. 그렇게 걷다가 커다란 문이 앞에 놓여 있어 우리는 그 문을 열고 밖으로 나간다. 문을 열었을 때의 느낌은 하나도 같은 사람이 없었다. 커다란 낭떠러지로 떨어지고 있다는 생각이 든 사람, 너무 어둡고 무서워서 다시 문을 닫았다는 사람 가지각색이다. 나는 작은 숲길을 가로막는 풀들을 인생의 얽힌 삶을 풀어 가듯 조심조심 손으로 풀을 헤치는 동작을 하며 걷는다. 큰 길이 나왔을 때는 모든 역경을 헤치고 나온 듯 신나게 달리기도 하고, 주변을 살펴보면서 마음이 상쾌해졌다. 막힌 문을 열고 나왔을 때는 지금까지의 피로가 풀리는 듯 가슴이 확 트이며 아주 시원한 느낌을 받았다. 각기 그날의 심리 상태나 기분에 따라 서로 느끼고 생각하는 바가 다르다. 그 밖에도 가족사진 찍기, 편지쓰기 등 여러 가지 동작이 있다. 모든 동작이 내면에 숨기고 있는 것을 동작으로 표현하면서 자신을 발견하는 것이다.

내 안에 있는 모든 것 미움, 고통, 슬픔, 외로움까지 모두 버리고 나면 평화가 기다린다. 불가에서는 깨침의 경지 '해탈'이라 한다. 하느님 안에서는 하늘에 덕을 쌓고 이웃을 사랑하라 한다. 내 안에 있는 것 버릴 수 있는 용기가 필요하다. 사람은 욕심 때문에 버리지 못하고, 끌어안고 괴로워하고 슬퍼하고 미워한다. 어차피 우리에게 주어진 것이라도 내 것은 아니기에 모두 미련 없이 버리고 홀가분해질 필요가 있다. 버릴 줄 알아야 한다. 버릴 수 있어야 한다. 버림으로 우린 자유로워진다.

다른 사람들 치료해 주겠다고 시작한 무용 치료가 다른 사람보다 먼저 나 자신이 치료를 받은 셈이다. 깊숙이 들어가면 들어갈수록 내 안의 것들이 드러나기 시작하는 것을 알 수 있다. 나는 욕심이 없는 줄 알았다. 나는 모든 사람을 사랑하는 줄 알았다. 다른 사람의 좋은 일을 사심 없이 축하해주는 줄 알았다. 그러나 아니었다. 시샘하고 욕심으로 가득해서 사랑하는 마음이 들어올 자리가 없었다. 칭찬에 메마르고 결핍되어 있음을 알았다. 성인처럼 고상한 줄 알고 얼마나 큰 착각에 빠져 있는지를 이제야 알았다. 노력하지 않고 부리는 욕심에 부끄럼이 온다.

나에게 남아 있는 나쁜 것들 불씨 하나 남기지 않고 태워버려야 하겠다. 사랑으로만 마음 가득 채워 남을 배려할 줄 아는 따듯함을 간직할 것이다. 힘들고 어려운 이들의 버팀목이 되어 주기도 하고, 슬픔에 함께 울어 줄 수 있는 눈물도 간직하리라. 현대인들은 아프다. 현대인이기에 더 많은 스트레스와 더 많은 마음의 병을 안고 살아야 하는 게 현실이 아니던가? 다른 무엇보다도 마음의 병은 참으로 크다. 속속들이 흐르고 있는 아픔을 끄집어내기란 그렇게 쉬운 부분은 아니다. 올바른 사회, 바른 문화가 형성되려면 정신적으로 건강해야 한다는 생각을 많이 했다.

이제 몇 주 후면 수료하게 된다. 아름다운 무용수의 멋진 춤사위가 아니면 어쩌랴. 내면의 아름다움 깊이 간직하며 살리니 폐쇄되어 움츠린 이들의 마음을 읽고 친해져야 하겠다. 꼭꼭 숨겨놓았던 그네들의 아픔을 끌어내어 치유해 주고 따듯한 마음 아름다운 감성을 심어 주고 싶다.

밤꽃 향기

밤꽃이 한창이라며 밤 농장을 하는 지인이 초청을 했다. 어떤 장소로 여행하든 함께하는 사람이 누구냐에 따라 기분은 달라지게 마련이다. 장소가 중요한 게 아니라 누구와 함께인가가 더 중요한 거라며 함께 가는 사람을 강조하던 친구의 말이 맞는 것 같다. 몇 분 지인들과 공주 밤꽃 농장을 방문하게 됐다.

같이 글을 좋아하고 배우는 중이니 맘이 맞는 분들과 함께하는 여행은 다른 때보다 즐겁다. 메르스 때문에 많은 회원이 함께하지 못하였음이 아쉽다. 세종시를 지나 공주가 가까워질수록 밤꽃으로 하얗게 뒤덮인 산을 볼 수 있었다. 공주 밤이 시중에 많이 나오고 유명한 것이 이렇게 밤나무가 많으니 수긍이 갔다.

차 문을 열자 비릿하면서 역겨운 냄새가 코를 자극한다. 밤꽃향이다. 그렇게 좋아하는 향기는 아니지만 오랜만이다. 오늘 다른 때와 달리 역겹게 느껴지지 않는 것은 함께한 분들의 향기가 겹친 까닭이다.

산자락 한가운데 자리 잡은 농장은 저 멀리 고속도로가 높게서 보이고, 앞산이며 정경이 아름답고 아담한 곳이었다. 온화하고 평안해 보인다. 넉넉하고 편안한 주인의 삶을 닮은 때문이리라. 바람을 타고 훅 밤꽃 향이 코를 자극한다. 바람도 잠시 머물고 싶은가 보다. 평소 그렇게 좋아하는 향은 아니지만 오늘은 달랐다. 옆에서 킁킁대며 이 향기가 좋다고 냄새를 맡는 친구도 있다. 여자들이 일하다가도 이 냄새를 맡으면 집으로 간다. 는 말이 있다고 하며, '밤꽃 필 때 과부들이 바람이 많이 난다.'고 우스갯소리를 한다. 남녀 간의 사랑이 좋아진다는 속설도 있다.

왜일까? 밤꽃 향이 정액 냄새와 같고, 열매인 밤이 정력보강, 하체의 근력 강화에 효과가 크다니 사랑을 더 자주 나눌 수 있기 때문이란다. 밤꿀은 색깔이 아까시보다 갈색이고 향과 맛이 씁쓰름하고 진하다 보니 선호도가 떨어진다. 하지만 다른 꿀보다 항산화 성분이 많아 약효로는 그만이다.

밤꽃 하나를 따 보았다. 털이 숭숭 돋은 송충이 같았다. 길게 늘어진 모습이 예쁜 꽃이라고 하기에는 좀 징그럽다. "무엇 같아 보여? 강아지풀 같아요." 어찌 보면 강아지풀 같기도 하다. 어떻게 이런 꽃에서 열매를 맺는지 모를 일이다. 외톨이, 쌍둥이, 삼형제의 열매들이 영그는 가을을 생각해 본다. 기다란 꽃들이 모여 하얀 눈꽃송이 이불처럼 덮여 있는 모습은 순백처럼 우아하고 아름답다. 하나하나 볼 때보다 무더기로 있어 보기 좋고, 함께여서 더 아름답게 보인다. 우리 삶도 그렇듯이 가까이서보다는 한 걸음 물러서 먼 곳에서 바라보는 게 더 좋다. 세세한 단점까지 보이지 않고 감춰질 수 있어 멀리서 바라보는 모습은 더 아름다워 보이기 때문이다. 가뭄 끝에 비라도 쏟아지려나? 바람이 세차다. 나무 밑동 가까운 곳까지 크게 무더기로 흔들리는 모습이 흡사 산이 흔들리는 것 같다. 시간이 지날수록 점점 향기를 잃어간다. 냄새를 잃어간다. 그만큼 향기에 취했음이 아니겠냐며 밤꽃 향기에 취하고 있음을 주인은 강조한다.

밤나무 밑을 내려다보았다. 황폐하다. 풀 한 포기도 나지 않고 붉은 흙으로 뒤덮여 있다. 가을에 밤 줍기 쉽게 풀이 나지 않도록 농약을 친단다. 그건 가을 일이다. 지금부터 저렇게 농약을 친다면 그 오염을 어떻게 막을 것인가? 자연의 훼손으로 우리에게 돌아온 것은 무엇일까? 걱정이 앞선다. 우리를 초청한 이 집 밤나무 밑만 풀이 무성하다. 밤 주울 때가 되면 예초기로 풀을 깎아 줍기 좋게 만든다고 했다.

농약 사용을 좀 자제해 주면 얼마나 좋을까? 우리에게 유익한 것은 무엇인지 골라가며 살 수는 없는 것일까? 야외 소풍이라도 온 듯, 고기를 굽고 상추를 씻고, 자연과 더불어 하는 식사는 꿀맛이다. 넓은 건물 안에는 노래방기기도 있다. 흉허물이 없고 가까운 사이고 보니 돌려가며 노래도 하고 어떤 가식도 없이 즐겁고 스스럼없는 시간이다.

밤 줍기를 할 때 다시 가기로 약속하고 돌리는 아쉬운 발길 속으로 진한 밤꽃 향기가 긴 여운을 남기며 코끝을 맴돈다.

바닷가에서

바다가 보인다. 넓은 백사장을 지나 띠를 만들며 왔다가 사라지는 파도를 맞으러 좀 더 가까이 가고 있다. 지난여름 해수욕장으로 북적대던 모습은 아니다. 끝없는 물결 하늘과 바다가 맞닿은 수평선을 바라보며 나도 모르게 발걸음이 바닷가로 간다. 몇몇 사람들이 짝을 지어 작은 바위에 붙어 있는 굴을 캔다. 작은 껍데기 속에서 살아 움직이고 있는 모습이 신비롭다. 껍데기를 깨뜨리고 나면 속살이 들어 나는 굴, 바닷물 짭조롬한 맛과 굴 맛이 어울려 혀를 감미롭게 한다. 작은 바위 밑 웅덩이에 파도 따라 떠나지 못하고 남아 있는 물속엔 의외로 살아 있는 생물들이 많다. 말미잘처럼 수염을 한들거리는 것도 있고, 바지락도, 다슬기같이 작은 조가비도 있다.

조개껍데기 하나 주워 들고 한참을 들여다보니 보일 듯 말 듯 아주 작은 게 한 마리가 몸을 움츠리고 있다. 갑자기 안식처가 높이 들려 움직이니 정신이 없나 보다. 다 말라 버린 아주 조그만 조개껍데기에 숨어 있으리라고는 상상도 하지 못했다. 책상 위 유리 상자에 넣어 놓고 싶었는데 다시 놓아주어야 하겠다. 하찮은 미물이라도 함부로 죽여선 안 된다고 늘 말씀 하시던 어머니 생각이 나서 오던 길 되돌아가 있던 장소에 놓아 주고 오니 홀가분하다. 뜨거운 물조차도 함부로 버리지 않으셨던 분이다. 될 수 있으면 살생을 피하는 불교 신자로서 열심히 살아가셨던 분이기에 혹시 땅속에 살아 있는 미생물, 지렁이라도 죽을까 봐 식혀서 버리곤 했다.

금빛 모래가 푹신한 카펫처럼 부드럽게 발끝에 오는 촉감이 전율처럼 몸으로 전해온다. 모래 위에 새겨진 발자국마다 힘들게 걸어온 내 삶들이 그려진다. 아무리 뒤돌아보아도 보이지 않는 내 삶의 흔적들, 돌아보면 소리 없이 따라오는 발자국처럼 작은 흔적이라도 남기고 싶었다. 햇살에 반짝이는 잔물결에 눈이 부시다. 바닷물에 밀려오는 그리움은 속삭이는 파도처럼 하얀 설움이 되어 가까이 왔다가는 멀어져 간다.

오늘은 바닷가 외로운 여인이 되고 싶다. 바다가 부른다. 내 작은 가슴으로 들어와 외로워야 한다고 속삭이듯 나를 부르고 있다. 저 바다를 보아라. 어찌 그립지 않을 수 있으며 마음 설레지 않을 수 있으랴. 마음이 울적하거나 외로울 때면 바다가 그립다. 망망대해 넓은 바다에서 수평선을 바라보며 노래도 부르고 소리쳐 보고도 싶었다. 힘든 일, 참을 수 없는 내 모든 고통까지 모두 다 털어놓고 누구에게도 하소연하지 못했던 것들 바닷물에 풀어 멀리멀리 떠나보내고 싶다. 거짓, 두려움, 체면, 윤리 · 도덕에 빠진 위선, 모두 다 벗어 버리고 벌거숭이로 남아 이브처럼 순수하고, 자유로워져서 솔직해지고 싶다.

누군가 들어주지 않으면 이 바다가 나를 위로해 주고, 저 나는 작은 물새들이 나의 이야기를 들어 주리라. 바다 위에 떠 있는 고깃배 사이를 자유롭게 나는 갈매기처럼 나도 그렇게 자유롭게 날고 싶다. 날다가 넓은 바다 위 어딘가에 내 외로움, 그리움 몽땅 떨어뜨리고 마음 다 비워놓고 가벼운 날갯짓으로 육지를 향하리라. 이건 뭐인가? 텅 빈 마음을 흔들고 있는 이것은, 내 혼신의 힘으로 남아있는 정열 다 쏟아 사랑하고 싶은 마음이, 걷잡을 수 없이 파도처럼 밀려오는 빈 가슴이 남아 있지 않은가.

조용히 밀려오는 물결에 발을 내밀어 본다. 시원한 바닷바람이 날리는 머리카락 사이로 파고든다. 바다를 향해 노래를 부른다. 누군가 바다 저편에서 나를 향해 손짓이라도 할 것 같아 마음 아린 가을 노래를 불러 본다. 파도에 실려 보내면 바다 건너 저편에서 들어 줄까? 메아리처럼 내게로 다시 돌아올까. 누군가 가만히 어깨를 감싸주고 위로 한마디만 해 주어도 좋으련만,

저 갈매기는 내 외로운 마음 알까? 바닷가에 부서지는 하얀 설움, 저만큼 왔다 가버리는 끝없는 고행인 것을, 그러기에 삶은 더 아름다움일 수 있다는 것을 말이다. 멀리서 들리는 뱃고동 소리에 취해 버렸는가 보다. 이 세상 모든 게 취하고 있다. 취하는 것이 어디 술뿐이겠는가 오늘은 이 바다에 모든 걸 풀어 놓고 가볍게 취해 볼 것이다. 그리움에 취하고 서러움에 취하고, 사랑에 취하고, 이 아름다운 바다를 안고 떠나는 선홍빛 낙조에 취해

보리라.

그리움 남겨 놓고, 사랑하고픈 마음 남겨 놓고, 다시 오고 싶은 한 가닥 마음을 안고 떠나리.

신앙의 힘

나는 평소 우리 성당에서 평일미사 참례를 한다. 쌀쌀한 날씨에 비까지 내리고 있어 가까운 이웃 성당으로 발길을 돌렸다. 미사가 끝날 때쯤 공지 사항으로 "사십오 세의 젊은 나이에 암 투병을 하다가 오늘 하느님 품으로 돌아가셨습니다. 이분의 장례미사가 이틀 후 아침 여섯 시에 있습니다. 유족이 얼마 되지 않으니 많이 참석해 주시기를 부탁합니다."

왠지 측은한 생각에 장례미사에서 그녀의 명복을 빌고 싶어 장례미사 참례를 하기로 마음먹었다.

"참으로 모진 삶이었습니다. 세례를 받으면서 남긴 그녀의 이 말을 잊을 수 없습니다."라는 장례미사 집전 중에 하신 신부님 강론 첫 부분이다. 그 후로 세상 안의 삶에서 벗어 난 밝고 행복한 신앙인의 삶으로 살아가는 모습을 볼 수 있었다고 하셨다. 그녀의 따듯하고 소중한 삶, 힘들고 어려움 속에서도 신앙으로 극복하고 감사할 줄 아는 삶을 살았다. 신앙생활의 소중함을 알려 주셨다.

그녀가 남긴 유족은 달랑 세 자매뿐이었다. 사십오 세의 젊은 나이 그녀의 남편은 그 자리에 없었다. 혼자서 세 딸을 키우면서 얼마나 힘이 들었을까? 얼마나 살기 힘들었으면 그런 말을 남겼을까? 여자 혼자 세 딸을 감당하기에 많이 힘들었을 그녀가 말한 모진 삶이 짐작이 간다.

새벽 여섯 시 그녀의 장례미사는 너무 쓸쓸하였다. 나는 그녀를 알지 못한다. 운구하는 시신의 뒤를 따르는 젊은 여인의 영정 사진과 세 딸의 오열을 보며 함께 눈물을 흘리지 않을 수가 없었다.

나 또한 29세 막내 임신 중에는 나팔관에 종양을 제거해야 했고, 39세에는 유방암 수술을, 49세엔 목에 종양을 제거하게 되고 68, 69세에는 연이어 방광암 수술을 했다. 거의 10년을 주기처럼 찾아온 병마와 싸웠으면서 교만하게도 다른 사람에게 피해 주지 않고 손해 보는 듯 착실하게 죄짓지 않고 살면 되지 않겠느냐고 거부했던 신앙이다. 세상살이에 더 관심이 많았던 나였기에 신앙이란 걸림돌이 되고 주일을 지키기도 어려울 것 같다는 생각이 앞섰다. 몇 번의 암 수술을 받으면서 가까워졌던 내 신앙이다. 지금은 누구에게나 사람은 신앙이 있어야 한다고 강조한다. 우리는 부족하고 나약한 인간이기에 어딘가에 의지할 곳이 있다는 것은 생활에 많은 안정을 주기 때문이다. 지금은 내가 세상에 태어나서 가장 잘한 것이 있다면 천주교회에 나가게 된 것이라고 자신 있게 말할 수 있다. 어떤 고통과 어려움이 와도 감내할 수 있고, 원망보다 감사한 마음으로 주위를 돌아볼 여유가 생겼기 때문이다.

늘 들어 왔던 이야기 '날 때는 순서가 있지만 죽음에는 순서가 없다.'는 말을 벌써 몇 번째 실감하게 된다. 태어날 때 엄마의 뱃속에서 열 달이 지나면 태어 날 날을 기다리고 있듯이 죽음에도 순서가 있고 예측할 수 있다면 부모 가슴에 묻고 일생을 마감할 일은 없었을 것이다.

인간은 죽음으로 향하는 존재이며 시간은 지금 이 순간에도 누구에게나 평등하게 흘러간다. 현재는 미래였고 지금 이 순간이며, 죽음은 항상 우리 가까이 있음을 한 번 더 생각하게 된다.

"인명은 재천이라 우리가 시간과 장소를 정해서 죽을 수는 없는 것, 죽음을 언제 맞이할지 모르는 것이니 사람은 나이 고하를 막론하고 늘 죽음의 준비를 해야 한다." 하시던 어느 날의 신부님 말씀처럼 현대를 살아가는 우리는 더더욱 죽음의 준비를 해가며 살아야 하지 않을까? 장롱 안의 옷도 깨끗이 정리하고, 주변 사람에게 어떠한 상처도 아픔도 남기지 말고 사랑만을 남기고 갈 수 있기를 기도한다. 가끔 옷장을 정리하면서 집안을 치우면서 나를 돌아본다. "자는 듯이 갔으면 좋겠다. 자는 듯이" 나이 든 분들이 흔히 하는 말 중의 하나다. 나도 그렇다.

죽음을 맘대로 할 수 있다면 어떨까? 그랬다면 안타까운 죽음도 있을 수 없고 부모보다 먼저 가는 사람도 없겠지. 오늘 그랬다. 세 딸을 두고 가야 하는 어머니의 마음이 오죽했을까. 그녀는 어떤 마음으로 죽음을 맞이했을까. 아직은 할 일이 남아 있다고 더 살아야 한다고 얼마나 애절하게 기도했을까? 장례식이 끝나고 집으로 오는 내내 아니 온종일 안타까움이 떠나질 않는다.

그렇게 모진 삶을 살았다는 그녀가 이 세상의 모든 것 다 버리고 영원한 안식을 얻었으면 좋겠다.

4부

애기똥풀 속에 남은 사랑

제주의 바다

참으로 오랜만의 가족 나들이다. 부모님 돌아가시고 나니 살아계실 때보다 형제들이 모이는 횟수도 적어지고 함께하는 시간이 점점 멀어져 가고 있다. 부모님 그늘이 얼마나 큰 것인지 가슴에 깊이 새기며 모처럼 마음 모아 가족 나들이를 계획하게 되었다.

어제 온 비로 공기 중의 불순물들이 다 씻겨 내린 맑은 하늘은 시야를 더욱 선명하게 해 주었다. 날씨만큼이나 맑게 갠 우리. 몇 번씩 가 본 곳이었지만 다른 때와 달리 제주로 향하는 마음은 많은 기대에 차 있다.

우리 가족 나들이는 이십 년도 더 지난 까마득히 먼 옛날이 되어 추억조차 희미해져 버렸다. 그동안 부모님도 돌아가시고 서로 마음을 모으기가 쉽지 않았다. 장조카가 산업 안전관리협회 제주지부장으로 부임한 지 일 년이나 지났으니 제주 지리에 어느 정도 익숙해진 참이다. 이참에 멀리 떨어져 혼자 생활하는 장조카를 격려도 해줄 겸 제주도로 여행지를 정한 것이다. 금요일 저녁 비행기를 타고 갔다가 월요일에 돌아오는 3박 4일 일정으로 결정하였다.

안내와 숙소를 조카가 맡아 다른 어느 때보다 편안한 마음으로 여행을 시작한 것이다. 몇 번씩 가 본 제주지만 형제가 함께 한 것은 이번이 처음이고 보니 설렘과 환희 그 자체다. 관광회사에서 영리 목적으로 즐겨 찾는 장소보다는 평소 자주 찾지 않는 천연의 자연을 돌아보기로 하였다. 세 자매가 유채꽃을 헤치고 두 손가락으로 V자를 그리며 사진 속으로 들어가 보기도 하고, 남자들끼리 찍어 보기도 하며 철모르던 어린 시절로 되돌아가 있었다. 4남 4녀 중 맏이인 언니의 빈자리와 내 남편의 빈자리가 오늘따라 더없이 허전하다. 아쉽고 섭섭하다. 단체 사진 속에 추억을 담으며 이번 여행은 다른 때와는 달리 아무 제약 없이 자유롭게 마음 내키는 대로 옮겨 간다.

3월의 제주는 활짝 핀 유채꽃의 바다다. 노란 꽃물결이 바닷바람에 일렁인다. 그 밖에 복숭아, 살구꽃 등 갖가지 봄꽃들이 우리를 반겨주고 있다. 관광지다운 면모를 갖추고 있는 이국적 냄새가 물씬 풍기는 이곳은 가는 곳마다 사람들로 붐비고 있다. 몇 번을 왔어도 올 때마다 새롭고 경이롭다. 지금은 흔히 갈 수 있는 외국 여행에 비교하겠는가? 오히려 곳곳에서 만나는 외국인들 특히 중국인 관광객들이 내국인보다 더 많아 보이는 것을 보면 역시 제주도는 국제적인 관광도시임을 알 수 있다. 성산일출봉, 섭지코지며 몇 군데 둘레길을 걸어도 새로운 마음가짐으로 걷다 보니 힘들다는 생각보다는 모두가 함께할 수 있도록 건강 주심에 서로에게 감사 또 감사할 뿐이다. 더 나이 들기 전에 자주 만나고 여행도 해야겠다며 모처럼의 여행에 만족하고 있다.

저녁엔 전통시장에 가서 회를 떠 오고 과일도 채소도 사와 안주를 마련하여 술자리도 만들며 한마음이 된다. 한 방에 모여 좌담도 하고, 칭찬도 하고, 평소 나누지 못했던 말들로 잠을 이룰 수가 없었다. 어느 해던가, 대형버스를 전세 내어 가족 여행을 하던 중 운전기사의 급체로 인해 여행을 포기하고 되돌아올 수밖에 없었던 황당했던 옛이야기도 나왔다. 24명의 손자 손녀를 보셨으면서 산후조리를 한 번도 안 해 주신 우리 어머니의 담대하신 이야기도 하면서 남자처럼 잔정이 너무 없으셨다고 흉을 보기도 했다. "우리 어머니 하늘나라에서 '이년들 내 이야기 이제 고만해라.' 하시겠다."고 농담도 한다.

한 방에 모여 지금까지 못다 한 이야기들을 풀고 웃고 즐기며 밤을 새우기도 했다. '한밤에 코를 골아 잠을 못 잤다.'고 투덜거려도, 밤늦은 줄 모르고 서로 질 수 없다며 벌이는 열띤 정치 논쟁으로 여러 사람 수면을 방해한 제부들도 밉지가 않다. 3박 4일의 가족 나들이가 우리들의 희미해진 사랑을, 소홀해진 형제애를 더 돈독하게 해 주었다.

용머리 해안에서 누구의 손으로도 만들 수 없는 대자연의 작품을 보며 우리는 감탄 또 감탄하며 뚫린 구멍마다 꿈을 넣듯 기를 불어넣기도 했다.

해안가를 돌아나오는 우리를 반기기라도 하듯 간간이 하얀 포말을 그리며 파도가 다가온다. 해변을 부딪는 파도의 잔물결, 소멸하고 또 생기는 삶의 고리처럼 휘돌아 나오는 바람이 세차다. 지금은 윤리, 도덕, 체면, 가식 다 벗어 던져 버리고 태초의 알몸으로 자유로워지고 싶다. 생각도 없는 바보가 되어 그냥 행복해지고 싶다.

삼면이 바다인 우리나라에서 유일하게 바다가 없는 충청북도에서 태어난 우리 팔 남매 모두가 모여 제주 바닷가에서 철썩거리는 하얀 물거품에 사랑을 실어 보내고 또 받아들인다. 옹졸하던 우리 형제들 마음이 저 바다처럼 넉넉해졌다.

아름다운 시절

지나고 보니 행복한 날들이었다. 그땐 행복이 무언지 몰랐다. 살아가면서 많은 길을 걸어왔다. 때로는 험한 산길을 걷기도 하고, 풍랑에 시달리기도 하며, 뻥 뚫린 도로를 신나게 달리기도 했다. 사랑하는 이들과 즐거운 여행을 하기도 하고, 아름다운 정원을 걸으며 여유롭게 하루를 맞이하기도 했다.

대부분 사람은 살아오면서 좋은 것만 기억에 남겨 놓고 고통스럽고 힘들었던 것은 잊고 싶어 한다. 그래서 추억은 아름답다 했던가 보다. 망각이란 게 있으니 좋은 날만 생각하며 살만하다 하겠다. 힘들고 어려웠던 지난 일만 모두 가슴에 품고 힘들게 살아간다면 어쩜 우울증에 시달려 하루를 온전히 살아갈 힘마저 잃게 될지도 모르겠다. 시간이 지나고 나면 잊게 마련이다. 잊는다는 것은 우리가 살아가는 데 필요한 것이다. 세월 이기는 장사 없다고 하기도 하고 세월이 약이라고도 한다. 모든 것은 마음먹기 달렸다고 하지 않던가. 똑같은 입장에서 누구는 이만큼인 게 다행이야 하며 감사하기도 하고, 누군가는 어찌 나에게 이런 불행인가라며 불평불만을 하기도 한다.

요즘 들어 자주 지나간 일을 회상하게 된다. 사랑을 듬뿍 받으며 어려움 없이 천방지축으로 살았던 유년시절도 생각나고, 아이들 키우며 누렸던 행복도 생각난다. 신혼 시절 시부모님과 함께 살았던 세월까지 모두가 그리움이다. 첫 살림을 속리산 외딴집에 월세로 살면서, 화장실에서 나는 냄새, 벌레들이 마당을 기어 다녀도 그것이 행복이었다. 학교 실습지에 채소를 가꾸며 밭으로 향하는 발걸음도 행복했다. 산속이고 보니 야산에 나는 외꽃버섯도 따고, 냇가에서 하는 빨래며, 자연과 더불어 살아가는 날들 또한 행복이었다.

오늘따라 유난히 돌아가신 시아버님 생각이 난다. 며느리 사랑은 시아버지라고 많은 사랑을 받으며 살았고, 많은 세월을 흘려보냈기 때문이다. 부모님과 함께 살았던 때가 정말 좋았다. 마음대로 외출을 할 수도 없고, 둘만의 시간을 가질 수 없었기에 가끔 부모님과 사는 게 불편하다는 생각을 하기도 했지만 그땐 그게 행복인지 몰랐다. 예나 지금이나 시부모님과 함께 사는 것을 원하는 사람들은 별로 없을 것이다. '홀시아버지를 모실래? 외벽을 기어오를래? 하면 외벽을 기어오른다.'고 홀시아버지 모시는 일을 아주 힘들게 생각했다. 복잡해진 세상 현대 사회의 흐름이 그렇게 만들고 있다. 고령화 시대의 많은 문제점을 보며 때론 옛날로 돌아가고 싶기도 하지만 되돌릴 수는 없지 않은가.

요즈음 부쩍 부모님과 함께 살았던 날이 그리운 것은 자식들 다 내놓고 마음이 허한 탓이다. 돌이켜 보니 부모님과 함께 사는 이점은 너무나 많았다. 아이가 아플 때 걱정이 없었다. 그 시절 약국을 경영하시던 아버님께서 약을 주셔서 먹이면 되었다. "병원을 가까이하면 좋기만 한 게 아니라 자력으로 면역성을 기르는 힘을 키워주어야 한다."고 말씀하셨다. 2남 4녀 여섯이나 키우셨으니 아이들 키우는 데 일가견이 있고, 약국을 하시니 병에 관한 전반적 지식도 풍부하여 아이들 키우는 게 한결 수월했다. 덕분에 2남 1녀를 키우면서 병원에 간 적이 별로 없다. 나름대로 건강하게 자라 주었다. 부모님 덕을 톡톡히 본 셈이다.

내가 아파 큰 수술을 했을 때는 서울 병원까지 오셔서 "생각보다 건강해 보여서 고맙다. 아가야." 하시며 두 팔 벌려 안아주셨다. "환자가 돈이 없으면 불안한 법."이라며 목돈을 미리 주셔서 여유롭게 해 주기도 하셨다. 그런 부모님께 난 무엇을 해 드렸나? 아무리 생각해 보아도 해 드린 게 없다. 언제나 받기만 했다. 늘 주기만 하셨던 아버님! "나는 네가 좋다." 임종 직전에 하셨던 그 말씀이 오늘따라 머리에 생생하다.

함께 더불어 가족이 모여 산다는 건 행복한 일이고 좋은 점이 훨씬 더 많았음을 이제야 깨닫게 되다니….

최고의 미장원

"우리나라 최고의 미장원 삼성 의료원으로 머리 만지러 갑니다." 늘 나에게 사랑스러운 말로, 활달한 모습으로 웃음을 주는 동생 친구에게서 온 카톡이다. 요즈음 어린아이들로부터 어른에 이르기까지 많은 사람이 이 카톡을 사용하고 있다. 이것저것 하는 것이 번거롭다는 생각에 쓰지 않으려 했지만, 단체 연락이나 개인 연락이 많이 오기 때문에 사용하지 않을 수가 없다.

머리에 종양이 수년이 지나 커지는 바람에 뇌혈관과 신경을 눌러 수술 날을 잡아놓고 있었던 참이란다. 다행히 의료기기의 발달로 머리를 열지 않고 192개의 방사선으로 시술을 간단히 할 수 있다니 천만 다행한 일이 아닐 수 없다. 늘 긍정적이며 그늘이 없는 밝은 성격의 동생은 나에게 기쁨과 사랑을 준다. 가벼운 마음으로 정말 예쁘게 미장원이라도 가는 양 장난기 섞인 문구의 카톡이 왠지 마음을 더 씁쓸하게 한다. 얼마나 두려울까? 아무리 의술이 발달했다 하지만 병원에 가는 것은 두려움이다. 모든 것 숨겨 두고 걱정 하나 없는 사람처럼 그렇게 그는 우리를 편하게 해 준다. 그러나 그 뒤에 감춰진 마음을 나만은 이해할 수 있으리라.

전신 마취를 하고 수술하는 순간은 알지 못한 채 혼미해진 상태로 몇 번의 수술을 한 나다. 중환자실에서 하얀 가운을 입고 면회 온 사람들을 보며 천당에 온 것인가 착각을 할 정도였다. 어찌 불안하지 않으랴. 어찌 무섭지 않으랴. 그런 속에서 간호사들이나 주변 사람들로부터 “신앙인인가 봐요. 참으로 편안해 보여요.” 하는 말을 들었다. 그렇다. 전지전능하신 나의 하느님께

내 운명을 모두 맡기고 어떠한 결과든 달게 받으리라 굳게 마음 먹고 보니 한결 마음이 가벼워질 수 있었던 것은 사실이다.

아무리 믿음이 두텁고 의연한 척해도 수술하러 서울로 올라가면서 가슴 저편에 두려움을 어이 떨칠 수 있으랴. 남편과 아이들 앞에서 숨기고 간신히 참았던 울음이 택시를 타자마자 터졌던 그날을 잊을 수가 없다. 혹시 부부싸움 하고 보따리를 싼 여인으로 오해받기에 십상이지 싶었다. "기사님, 저 병원에 가느라고요. 눈물이 이렇게 나네요." 그때를 생각하면 지금도 가슴 아프다 못해 아리기까지 하다. 맞다 굳이 '수술하러 갑니다.' 하느니 듣는 이로 하여금 마음을 편하게 해 주어 부담을 주지 않을 수도 있을 것이다.

오늘은 사랑하는 동생을 만나기로 했다. 동생은 언제나 명랑하고 세상을 긍정의 눈으로 보고 살아간다. 항상 얼굴엔 미소가 가득하다. 누구에게나 상냥하고 싹싹하다. 만나면 행복의 마법에 걸린 사람처럼 행복해질 수밖에 없다. 사람은 만나면 즐거운 사람이 있는가 하면 마주치는 순간 막을 하나 쳐 놓은 듯 돌아서고 싶은 사람이 있다. 아무런 이유도 없이 싫은 사람도 있다.

활달한 그의 성격은 언제나 주변 사람을 기쁘게 만든다. 어떠한 막힘도 어려움도 없는 사람처럼 행복을 전하는 행복 전도사처럼 그를 만나는 날은 내게 희망이요 즐거움이다. "불교에서 '한 생각 돌린다.'고 생각을 바꾸고 나면 천상천하가 다 감사하다."며 독실한 불교 신자인 그는 이렇게 작은 일에도 감사할 줄 안다. 혼자 생활하는 나를 생각하여 간단한 반찬이며 먹을거리를 가져오기도 하고, 때로는 함께 식사하러 일부러 오기도 한다. 학원을 운영하기에 늘 시간에 쫓기면서도 부담스러울 정도로 챙겨준다.

작은 생채기 하나 때문이라 해도 병원을 간다고 하면 누구나 부담스러울 터인데 하물며 머리에 종양이라면 얼마나 힘들고, 신경이 쓰일까? 그런데도 내색 한 번 하지 않고 씩씩한 모습만 보여주는 동생이 안쓰럽고 고맙다.

여행을 다녀왔거나 때로는 이유도 없이 작은 선물 하나라도 꼭 남겨주려는 마음, 무엇보다도 그 마음이 다른 어떤 것보다 나를 감동하게 하곤 했다. 우리나라에서 최고의 미장원이라는 삼성의료원, 얼마나 긍정적이고 멋진 표현인가. 어둡고 무거운 것을 가볍게 표현함으로 부담감도 줄이고 듣는 사람을 우울하지 않게 만들어 놓는다.

애기똥풀 속에 남은 사랑

계절의 여왕답게 곱게 핀 덩굴장미가 요염하리만큼 담 너머로 유혹하고 있어요. 오월의 온통 푸른 산야는 더욱 당신을 그립게 하네요. 이별한 시간이 함께한 세월만큼이나 지나버렸네요. 이십오 년 긴 세월이 지났어도 늘 당신은 제 곁에서 절 지켜보고 보호해 준다는 생각으로 잘 살아가고 있어요.

당신은 아픈 모습을 누구에게도 보이기 싫어 친한 친구들에게까지도 알리기를 거부했던 깔끔한 성격이었지요. 너무 착해서 언제나 어린아이 같은 모습으로 내게 기대왔던 당신, 아이들에게 "난 네 엄마 없으면 못 산다."고 말해 왔던 나의 당신이었지요, 그러셨던 당신은 어찌 나를 두고 가셨나요? 전 당신보다 더 강하게 세상을 살아갈 것 같던가요? 원망 같은 푸념이 나도 모르게 나온답니다.

오늘 아침 산에 오르다 봄꽃이 만발한 들판, 길옆에 노랗게 핀 애기똥풀꽃을 보았어요. 당신의 병을 고치기 위해 찾아다니던 남다른 아픈 추억을 간직했기에 볼 때마다 당신 생각이 나서 미칠 것 같은 제 마음을 애기똥풀은 알고 있을까요? 십 년 가까이 찾아 헤매던 우리 사랑의 날들도, 당신을 만난 듯 반가우면서도 아픈 마음을….

처음 간염이란 진단을 받으며 우린 천 길 낭떠러지로 떨어지는 아득함을 느낄 수밖에 없었지요. 한 가지 병에 만 가지 약이라 했던가요? 병을 고친 사람들을 찾아다니며 상담도 해 보고 좋다는 것은 다 해보고 싶었어요. 조금만 더 일찍 발견했고 지금 같았으면 이식수술이라도 할 수 있었을 텐데.

누구는 인진쑥이 좋다 하고, 누구는 애기똥풀이 좋다 하고,

누구는 굼벵이와 녹즙이 좋다 하고, 그 외에도 좋다는 것이 많기도 했었지요. 애기똥풀을 책에서 찾아보니 양귀비과의 두해살이 풀로 촌락 근처에 나며 봄, 여름에 노란 꽃을 피우고 줄기는 50cm 정도 자라며 줄기를 자르면 감황색 유액이 나오는 것을 볼 수 있으며 약재로 쓰이기도 한다 했었죠. 우린 둘이 열심히 애기똥풀을 채취해 응달진 곳에 줄을 매고 걸어 말렸었지요. 그것을 인진쑥과 달여 병에 넣어주면서 얼마나 마음이 아팠던지요. 마시기 좋게 하려고 감초도 넣어 봤지만, 그 쓴맛 때문에 마시기 힘들었을 텐데 당신은 열심히 잘 마셔 주었지요. 녹즙은 또 어떻고요. 풋내와 함께 뭐라고 표현할 수 없는 야릇한 맛, 사과를 넣어 만들어 보기도 하고, 때론 야쿠르트도 넣어 보았지만 맛은 여전했어요.

도시락엔 잊지 않고 과일을 따로 넣어드리고, 한 번도 귀찮다거나 힘들다는 생각을 해 보진 않았는데도 당신은 항상 미안해 했지요. 제 손을 잡고는 "이 세상에서 가장 아름다운 손" 하며 위로해 주곤 했지요. 고무장갑이 해로울 것 같아 맨손으로 즙을 계속 짜다 보니 거칠고 물이 든 손을 보며 마음 아파하였지요. 이젠 당신께 아무것도 해 드릴 수가 없어요.

언제나 당신은 저의 지갑 안에 저와 함께 있어요. 이만큼 걱정 없이 살아갈 수 있게 만들어 주고 떠나간 당신께 항상 고마움을 잊지 않으려고.

의사를 붙들고 "선생님 살려만 주십시오." 너무나 정신적으로 약하기만 한 당신 앞에 저마저 나약한 모습 보일세라 눈물을 삼키며 굳어져 서 있던 제 마음을 당신은 아셨겠지요?

남에게 빈틈 한 번 보이지 않고 실수 한 번 하지 않던 깔끔한 모습, 언제 어디서나 법 없이도 산다며 사람들이 좋아했던 당신이었어요. 항상 당당하실 수 있던 당신의 모습은 간데없고 병 앞에 초라해진 당신을 보며 "마음이 병을 다스려야 해요. 왜 빨리 낫지 않느냐고 조바심하며 끌려다니지 마세요. 병과 친하게 지내고 다스리며 이끌어 가셔요. 마음 약하게 갖지 마세요." 아무리 간곡하게 부탁을 해도 너무도 약해진 당신이 얼마나 야속했던지 모릅니다. 아픈 추억이지만 서로의 소중함을 더 깊이 알 수 있었지요.

처음에는 당신을 영원히 제 곁에서 떠나보내 드린다는 것을 도저히 받아들일 수 없었어요. 하늘이 노랗다, 정말 노랬어요. 털썩 주저앉아버릴 것 같은 좌절감, 세상 모든 게 끝나버린 것 같은 두려움이었어요. 살아갈 날들의 막막함, 어디에도 내가 기댈 사람이 없었고, 자식이고 뭐고 다 소용이 없다는 생각뿐이었어요. 나 혼자라는 느낌, 나만이 외딴 무인도에 뚝 떨어진 것처럼 막막했어요. 내 모든 게 끝이라는 생각밖에는 아무것도 보이는 것이 없었어요. 아까운 것도 없었고, 무엇에 대한 애착 같은 건 더더욱 없었어요.

이 세상과 단절하고 싶었어요. 누구도 만나고 싶지 않았고, 지금까지 하던 사회 안의 모든 일에서 미련 없이 떠났어요. 사람을 만나는 게 두려웠어요. 그분들의 위로의 말 한마디 한마디가 비수 되어 제 가슴을 도려내듯 아프게 했기에.

누가 나의 이 어둡고 아픈 마음을 알까요? 이 세상에 나보다 더 큰 죄인은 없는 것 같고 어떤 일에도 희망이 없어졌어요. 사람도 죽는 것을, 죽으면 그만인 것을 이게 다 뭐야, 허망하기 이를 데 없어 사는 의미를 모두 망각해 버리고 살아왔었죠.

오늘따라 애기똥풀이 당신을 한없이 그리워지게 만드네요. 그리고 먼저 가신 당신이 한없이 원망스러워지네요. 잎을 하나 잘라 줄기에서 나오는 아기 똥처럼 노란 유액을 보며 독백처럼 '너도 아픔의 눈물인 게로구나. 너도 나처럼 아픈 게로구나.' 나도 모르게 나왔어요. 그저 간에 이롭다고만 생각하고 달여 먹도록 했는데 알고 보니 인체에 해로운 독성도 있다 하네요. 그 독성이 오히려 건강을 해치게 하지나 않았는지 자책하게 됩니다.

이제는 지난 세월 속에 모두 묻어 버리고 씩씩한 모습으로 세상을 살아갈게요. 어깨 축 처진 삶일랑 씻어 버리고, 언제까지 돌아오지 못할 당신 추억 속에만 살진 않으리라 다짐하면서 새로 세상을 살아갈게요. 세상 밖으로 나가지 않고 숨어 있는 것을 당신이 원하지 않으심을 알기에.

떠나간 당신의 발목 잡아, 가는 길에 걸림돌이 되지는 않을 거예요. 이제라도 용기 내어 부끄럽지 않고, 당당하게 여봐란듯이 살아갈 거예요. 날 두고 떠나는 당신의 발길 가볍게 가실 수 있도록 가서 편히 쉴 수 있도록 제 마음에서 보내 드릴게요.

'여보, 부디 하늘나라에서 편안히 쉬셔야 해요.'

어머니의 마음

오늘도 친구는 십 년이 훌쩍 넘은 아들 간호에 지친 몸으로 우리 집으로 놀러 왔다. 아니 놀러 왔다는 표현보다는 쉬기 위해 피신해 왔다는 표현이 더 적합한 것 같다.

그날을 나는 잊지 못한다. 친구는 그날도 우리 집에서 늦게까지 함께 있다 갔다. 며칠이 지나도 소식이 없어 연락해 보았다. 친구의 아들이 교통사고로 온몸이 마비된 채 혼수상태로 중환자실에 있다고 했다. 목을 뚫어 가래를 빼내야 했고 콧줄로 식사를 넣어주어야 했다.

어머니란 이름은 참으로 위대한 것 같다. 아무것도 움직일 수 없는 아들을 꼭 되돌려 놓겠다는 신념과 각오로 희망을 놓지 않고 간호했다. 처음보다는 많이 나아져 가고 있다. 아직 말은 하지 못하고 걷지는 못하지만 휠체어를 타고 스스로 할 수 있는 일이 많아졌다. 어머니가 아니고서는 할 수 없는 놀라운 정신력과 보살핌이다.

하루하루 모든 시간을 자식을 위해 애쓰는 어머니와 달리 며느리는 떠나갔다. 사랑해서 맺은 백년가약이다. 괴로울 때나, 힘들 때나, 슬플 때나, 병들었을 때도 함께 있겠다고 약속하며 한 결혼이었다. 첫아이 임신하고 출산을 한 달 정도 남겨 두었을 무렵 교통사고를 당한 것이다. 한 달이 지나서야 정신이 돌아왔다. 그의 아내는 건강한 아들도 출산했다. 그러나 스스로 할 수 있는 일은 아무것도 없었다. 어머니는 간호에 온 힘을 쏟아 부었지만 이렇다 할 차도를 보이지 않아 애태우고 있는 모습은 보는 사람도 안쓰러웠다. 집에서 아들 뒤치다꺼리로 하루를 보내고 나면 어머니는 힘이 쭉 빠진다. 쉴 겨를도 없이 불러대는 바람에 함께 있는 시간이면 몸은 녹초가 되어 버린다.

변화된 세상이다. 한 번 혼인하고 나면 참고 죽을 때까지 살아야 한다는 생각이 바뀌어 이혼하는 경우가 점점 늘어나고 있다. 우리나라 통계청 조사에 따르면 1970년대 혼인 수 대비 4%의 이혼율, 현재는 세 쌍이 결혼하면 그중 한 쌍이 이혼 36%의 이혼율, 무려 9배나 증가하며 점점 높아지고 있는 현상이다. 성격 차이로, 둘 중 하나가 바람이 나서, 가정을 돌보지 않고 무능해서, 가정폭력이 심해서 등 이혼 사유도 다양하다. 타당한 이유야 더 많겠지만 어찌 보면 세상의 변화에 맞물려 이기적으로 변해가고, 부족한 인내심 때문이 아닐까 생각이 들기도 한다. 수많은 사람 중에 남남이 서로 만나 악연도 인연이라 했거늘 너무 쉽게 헤어지는 건 아닌지 걱정스럽기도 하다. 어찌 생각해 보면 여자란 태어나서 부모님을 따르고, 결혼해서는 남편을 따르고 늙어선 자식을 따라야 했던 서글픈 세상에서의 탈출이다. 한편으로는 자신의 권리를 찾을 수 있는 바람직한 일이란 생각이 들기도 한다. 생활을 스스로 할 수 없고 고통 중에 있는 남편을 두고 아들을 데리고 아내는 떠나갔다. 어찌 이혼할 수 있었을까? 생각지 못했던 일이다.

'십 년 안에 걷게 하고 사람 구실 할 수 있게 만들겠다.'며 단단한 각오로 지금까지 희망을 놓지 않고 어머니는 살았다. 정성과 최선을 다한 간호로 아들에게 희망을 주지 않고 떠나가는 며느리를 원망하면서도 같은 여자이기에 이해하려 노력해 왔다. 이혼을 요구하는 며느리를 붙잡을 수 없어 합의 이혼을 해 준 이들의 마음은 오죽했을까? 희망을 놓아버리게 만든 며느리의 냉정함에 서운한 마음을 버릴 수가 없단다.

고생하고 스트레스받으며 사느니 차라리 헤어져 자유로이 사는 게 더 났다고 생각하는 자기중심적 이기주의로 세상은 많이 달라졌다. 하지만 사랑과 숭고한 희생, 정성으로 간호하는 어머니의 희망대로 아들이 깊은 의지와 용기로 더 나아가는 삶이기를 기대해 본다.

병실 생활의 단상

"축하해요. 병원에 다시 오시지 말고 건강하세요." 정 많고 말도 많은 H 씨의 말이다. 거침없는 행동으로 방귀도 서슴없이 날리던 R 씨도 축하를 보낸다. 입원한 환자와 간병인까지도 무언의 눈짓을 보낸다. 퇴원 수속을 마친 내게 모여들었다.

누군가 예쁜 케이크를 쏙 내민다. 예상 밖의 상황에 놀라며 그들을 둘러보는 순간 눈물이 핑 돌았다. 손뼉을 치며 웃어주는 얼굴 하나하나에 동병상련의 정이 오롯이 느껴진다. 꼼짝 못 하고 누워 있는 나의 손발이 되어주고 서로의 보호자가 되어주던 그들, 빵 한 조각을 나누던 모습이 머리를 스쳐 지나갔다.

병상 생활에서 지금까지 깨닫지 못했던 '사랑'이라는 또 하나의 마음이 뿌리를 내렸다. 바로 옆 침대엔 80이 넘는 할머니가 계셨다. 식사도 도와드려야 했고, 대소변도 가리지 못 하셨다. 할머니가 변을 보면 볼 때마다 모두 냄새에 쫓겨 피해 나간다. 병간호하는 며느리는 변을 잘 봐서 예쁘다고 토닥거리며 아기 다루듯이 지극정성으로 보살핀다. 시어머니는 자기에게 주어진 사랑이란다. 매일 씻기고, 볼을 쓰다듬고 뽀뽀하는 모습이 아름답다. 친엄마에게도 그렇게 해 드리지 못했던 나였다. 이곳에서 사랑을 많이 느끼고 배웠다.

이것저것 좋아하는 음식과 보양식을 해 오고, 차례상 차리기에 익숙지 못한 며느리들이 힘들 거라며 전이며 만두, 나박김치까지 담가온 친구의 사랑도 있다. 그런 사랑 속에서도 내가 얼마나 이기적인 삶을 살아왔는지 뒤돌아보게 해 주었다.

수술 전 고통과 두려움 속에 불안한 날들을 보냈다. 벼랑 끝에

서서 누군가 살짝 밀기만 해도 떨어질 것 같은 불안한 심정이었다. 한밤 중 아팠을 때 누군가에게 연락할 수도 없고, 혼자 아침까지 참아야 하는 외로움 속에서 서럽단 생각도 들었다.

여드레 동안의 병실 생활은 고통만 있는 게 아니었다. 비록 육체는 아프고 고통스러웠지만 많은 사람의 관심과 사랑을 받고 있음을 느꼈고, 그 큰 사랑에 놀라기도 했다. 이웃은 나를 위해 봉사와 기도를 해 주었다. 평소 내가 실행하지 못 했던 것들이다. 나와는 상관 없는 일이라고 무관심했고 손해 보는 일은 하지 않으려고 뒷전으로 물러났다. 혼자서는 살아갈 수 없는 세상인 것을 알고 있었지만 많은 분의 사랑을 받고 있음을 알면서 외롭지 않다는 걸 알았다.

"가장 보잘것없는 사람에게 해 준 것이 곧 나에게 해 준 것이다."라는 성경 말씀이 뇌리를 스친다. 정말 보잘것없는 내게 이웃은 너무 과분한 사랑을 안겨주었다. 나는 그들에게 무엇을 주었나? 아파하는 이들의 절절한 아픔을 진정 같이 아파하고 배려했나? 사랑이란 이름을 내 집안에만 붙여놓고 이웃에겐 흉내만 낸 것이 아닌지? 자신을 자문해 보니 부끄럽기 그지없다. 그동안 여러 사람에게 빚만 지고 살아온 기분이다.

아파보지 않은 사람은 다른 사람의 아픔을 느낄 수 없고 이해하기 어렵다. 꼼짝도 못 하고 종일 침대에 누워 있으려니 몸이 쑤시고 허리가 얼마나 뒤틀리는지 수술한 부위보다 더 아프고 힘들었다. 건강할 때는 일상생활이었던 보고 듣고 말하고 걸으며, 사랑할 수 있다는 건 커다란 행복이며 감사해야 할 일임을 생각하지 못했다. 남보다 부족하다고 욕심내고 부러워하며 살아온 날들이 한없이 부끄럽다.

"할머니, 저 나가요." 두 손을 잡아 드리자 할머니 눈에 이슬이 맺혔다. 칸막이가 답답하신지 말소리만 들리면 커튼을 들추고 슬그머니 들여다 보시던 할머니, 미소 띤 모습이 천진난만한 아이처럼 순수하고 예뻤다. 언제 병실을 떠날지 기약 없는 할머니 손을 잡고 있는 마음이 아프다.

짧은 병상 생활은 자아 성찰의 계기였으며 돌아보지 않은 내 몸과 이웃 모두가 고맙고 감사할 뿐이다.

오십견

팔이 아프다. 밤잠을 이루지 못할 정도로 벌써 몇 달째 이렇게 심하게 아파하고 있다. 밤이면 더욱 나를 괴롭히고 잠 못 이루게 하는 날이 많다. 병원으로 한의원으로 좋다고만 하면 솔깃해서 몇 군데를 옮겨 다녔지만 쉽게 나을 기미가 보이질 않는다.

아마 팔이 단단히 화가 난 모양이다. 얼핏 잠에서 깬 나는 양

팔을 교대로 쓸어내리며 '그동안 참으로 수고 많았다. 고맙고 많이 미안하다. 이제 고만 좀 아프면 안 되겠니?' 잠을 설치고 일어날 때마다 맘속으로 수없이 달래보지만 돌아설 기미가 보이지 않는다.

아픔에서 벗어나 보겠다고 철봉 매달리기도 해보고 접시 돌리기도 해 보았다. 지나고 보니 내 몸을 내가 아끼며 보호하고 사랑했어야 했다. 조심했어야 했다. 내 몸을 돌보지 못했다. 내일이란 다시 오지 않는 양 미루고 미루다가 한꺼번에 소나기 일을 하는 습관 때문에 몸을 혹사하기 일쑤였다. 건강하니까 무심코 살아온 세월이었다. 팔이 아프고 나니 그제야 지난날을 돌아보게 되었다. 부모로부터 건강하게 태어나서 무탈하게 자랐던 나는 건강을 과시하며 자신을 아낄 줄 몰랐다. 부모님께 감사한 마음을 가질 생각조차 하질 못했다.

돌이켜 생각해 보니 감사할 일들이 너무 많다. 육신을 온전히 낳아 주셨고, 키워 주시고 가르쳐 주셨다. 누구보다 많은 사랑을 받을 수 있었고, 불타는 교육열로 사회 속에 우뚝 설 수 있게 해 주셨다. 그 시절에 배울 수 있었고 하고 싶은 일을 할 수 있음은 부모님을 잘 만난 덕이리라. 그건 당연한 거라고 고마움을 모르고 그저 저 잘났다고 살았던 지난날들이 한없이 죄스럽기만 하다.

그 당연한 것을 가지지 못한 사람도 세상엔 너무 많이 있다는 것을 생각지 못했다. 불의의 사고가 원인일 수도 있고 태어날 때부터 그런 사람도 있다. 의족에 의지하거나 휠체어를 타고 두 다리로 걷지 못하는 사람도, 두 손이 없는 사람도 신체적 정신적 여건이 제대로 돼 있지 않아도 나름대로 감사하며 사는 사람도 많다. 나는 교만하게도 함부로 쓸 줄만 알았지 아끼고 사랑하지 못했다. 작은 것을 사랑하고 작은 것에 감사할 때 우리는 행복하다. 행복은 늘 내 안에서 기다리고 있거늘 꺼낼 줄도 모르고 꼭꼭 숨겨 놓고 살아왔다. 복에 겨운 고민, 복에 넘치는 불평불만으로 감사한 마음보다는 참으로 건방지고 멋없이 살아왔다.

팔 하나 아픈 것이 생활하는 데 얼마나 큰 걸림돌이 되는지 뒤늦게 후회한들 무슨 소용이 있으랴. 팔의 움직임 자체도 힘이 들고 보니 옷을 입을 때에도 벗을 때에도 물건을 들 때도 너무 아파서 나도 모르게 소리를 지르게 된다. 듣는 사람도 없는데 "아유 아파 왜 이렇게 아픈 것이야." 때로는 짜증이 나기도 하고 우울해지기도 한다. 밖으로 말이라도 하고 나면 좀 위안이 될까.

'팔아 이제 화 좀 풀면 안 되겠니?' 그러다 또 생각한다. '그래, 기계도 오래 쓰면 닳고 고장이 나게 마련인데 사람이니 이만큼이나 썼지. 아픈 거 당연한 거야' 생각을 달리하고 자신을 위로하며 달래기도 한다.

나의 늦은 고마움이, 미안해하는 마음이 통하는 날 아픔으로부터 헤어나지 않을까 기대해 본다. '미안하다. 팔아, 이제 용서해 주지 않겠니?' 자기 최면이라도 걸어 놓듯이 오늘도 열심히 팔을 쓰다듬으며 스스로 위로하고 속히 아픔에서 벗어나길 기다린다.

목욕을 시켜드리며

유난히 청명한 날씨다. 오랫동안 편찮으신 분을 씻겨드리기에 날씨가 좋지 않아 그동안 미뤄왔다. 날씨가 좋지 않다는 것은 핑계에 불과했다. 솔직히 엄두가 나지 않았다는 말이 옳을 것이다. 오늘은 별러서 목욕을 시켜 드리기로 작정하고 집을 나섰다.

저만치 앞에서 두 사람이 손을 잡고 천천히 걸어가고 있다.

젊은 여자의 손을 잡고 한발 한발 간신히 발자국을 옮겨놓는 남자의 걸음걸이가 불편해 보인다. '부녀지간일까? 아니면 시아버지와 며느리 사이일까?' 두 사람의 정겨운 모습이 부럽도록 아름답다. 두 사람을 지나치며 자신을 돌아본다. 부모님께 해 드린 게 무엇일까? 아무리 생각해 보아도 해 드린 것이 아무것도 없다. 학창시절엔 용돈이 적다고 투정을 부렸다. 팔 남매 키우시기 힘에 겨워 늘 우리를 충족시켜 주지 못하시는 어머니가 다른 어머니들과는 다르다고 생각했다. 어찌 어머니의 마음이 달랐으랴. 자식들에게 좋은 옷 입히고 싶었을 터이고, 맛난 음식 먹이며 도담도담 자라는 자식들을 보며 행복해지고 싶었을 것이다. "너도 시집가서 아이 낳아봐라." 하시던 어머니 말씀이 생각난다.

아버지의 적은 봉급으로 팔 남매를 가르치려니 고충이 얼마나 컸을까? 두 동생을 데리고 자취하는 내게 생활비를 넉넉히 주지 못해 뒤돌아서서 눈물 훔치시던 어머니 모습을 보면 돈이 적다는 말은 꺼내지도 못하고 돌아서곤 했다. 그래도 월급에서 새돈으로 꼭꼭 숨기셨다가 아버지께서 필요하시다면 아낌없이 꺼내 주시던 어머니 모습이 눈에 선했다.

그런 어머니께서 치매에 걸리셨다. 몇 년 전만 해도 전화를 자주 하셨다. 그리고 하시던 말씀이 "너희들에게 너무 많은 죄를 지은 것 같다. 요즘 아이들 키우는 것을 보면 해 주는 것들이 참으로 많더라. 나는 너희들에게 해준 게 너무 없어 미안하다." 같은 말을 몇 번이고 반복하셨다. 좀 더 시간이 지나자 어머니는 심심하다며 시도 때도 없이 전화해서 귀찮게 하시더니, 이제 전화마저 하실 수 없게 되셨다. 온종일 집에 홀로 계시자니 얼마나 외로우실까. 각자 살기 바쁘다는 핑계로 찾아가 뵙기는커녕 전화 한 번 제대로 해 드리지 못하고 있으니 자식이 팔 남매나 있으면 무얼 하나. 인기척만 나면 끙끙 앓는 소리를 내서 관심을 끌려 하시고, 멀쩡한 기저귀를 갈아 달라고 불러대신다. 자식들을 편하게 해 주려던 의지와 예전의 그 인자하심은 어디로 가고, 귀찮을 정도로 보채는 어머니가 참으로 야속스럽기조차 했다. 내가 얼마나 못된 딸이고 철딱서니가 없었던지 부끄럽기 그지없다. 어머니의 주름진 이마에서 하나씩 일구어내신 밭고랑같이 짙은 연민의 정이 흐른다.

어머니의 생기 없는 모습 위에 지난날 큰소리 떵떵 치시고 당당하시던 모습이 떠오른다. 귀찮아도 좋으니 자주 전화라도 하실 수 있었으면 좋겠다. 한참을 걸었다. 두 사람은 저만치 뒤처져 있었다.

물은 높은 곳에서 아래로 흐를 수밖에 없는 자연의 이치처럼 부모님의 사랑은 지극히 당연한 것으로 알았다. 조금만 해 드려도 생색내기에 급급한 자식들과 달리 어머니의 마음은 늘 그랬다. 끝없이 주고 싶어 하셨고, 생색낼 줄은 더더욱 모른다. 이제 나도 손자 손녀를 여섯이나 둔 할머니가 되었다. 사랑은 내리사랑이라 하더니 자식이나 손자 손녀들에겐 아무리 주어도 아까운 것이 없다. 부모님 사랑이 끝이 없다는 걸 내가 자식을 두고서야 실감하게 되고 절실히 깨닫게 되었다.

이제 나이 들어 분별력도 없어지고, 사고력이 떨어져 지극히 이기적으로 변해가는 어머니의 모습이 천진한 아기 같다. 말벗도 대화자도 없이 낮엔 늘 혼자 계시는 어머니, 얼마나 답답하시고 외로우셨을까? 돌이켜 생각하니, 스스로 부끄럽고 가슴이 짠하다.

제대로 몸조차 가누지 못하시는 분을 변기 위에 앉혀 드리고, 살이란 살은 다 빠져 고무줄처럼 늘어나는 살갗을 씻기는 손에 힘이 쭉 빠진다. 공기 빠진 풍선처럼 축 처져 빈 쭉정이 같은 젖가슴은 이리 밀리고 저리 밀리고 씻기기조차 힘이 든다. 뼈만 앙상한 팔과 다리는 조금만 세게 문질러도 살갗이 빨갛게 변해서 조심스럽다. 언제나 비녀를 찔러 정갈하게 빗질을 하셨던 머리칼은 반은 빠지고, 바짝 잘린 머리칼은 빗질할 필요조차 없어졌다.

잡수시는 밥심은 다 어디로 간 것일까? 정신도 맑아지시고, 건강도 좋아지실 수만 있다면 얼마나 좋을까? 이루어질 수 없는 것을 욕심으로 끝내는 희망 사항이지만 그래도 간절하게 빌어보고 싶다. 그 귀찮게 하던 전화라도 하실 수 있다면 더 바랄 것이 없겠다. 내 유년시절 당당하시던 어머니, 자식들을 위해서라면 혼신의 힘을 바치셨던 내 어머니, 참으로 장하신 내 어머니! 어머니란 이렇게 자식들을 위해 모든 걸 내려놓으셨구나. 희생만 하시다가 지나간 세월 보상도 받지 못하시고 흙으로 돌아가셔야 하는구나. 지금은 찾아볼 수 없는 옛 모습을 그리워하며, 인생이란 참으로 속절없구나. 그나마 이렇게 부를 수 있는 어머니가 살아 계시다는 것만도 얼마나 행복인지.

비로소 띄우는 마음의 편지

온 세상을 녹음으로 가득 메워가는 유월! 제 마음도 유월 따라 청록빛 희망으로 채워 나가고 있습니다. 억수로 쏟아지던 비가 멎고 아버지를 모시고 마지막 길을 떠나던 날, 전날 온 비로 더욱 파랗게 질린 숲도 함께 우는 듯했습니다. 살아생전에 제대로 보살펴 드리지 못했음을 한탄하며, 이 세상에서 다시 뵐 수 없음에 많이 울었습니다. 아무리 후회해도 소용없는 것을 후회로 몸부림쳤습니다. '딸의 울음소리는 저승까지 따라간다.'고들 합니다. 어쩌면 제 설움에 더 목맸던 건 아니었는지 반성도 하였습니다.

아버지는 당신의 풍채보다 훨씬 더 큰 가슴으로 남을 포용하시고, 언제나 얼굴에 가득한 미소로 사람을 맞이하시는 분이셨습니다. 코흘리개 어린이들을 위해 일생을 몸 바치신 아버지! 당신의 모습에서 찌그린 얼굴, 화난 얼굴을 한 번도 보지 못하였습니다. 내일이면 저희 곁을 떠나신 지 꼭 십 년이 되는 날입니다.

기일이 다가오고 보니 아버지 생각이 더욱 간절한 밤입니다. 이 밤도 돌아가시던 그날처럼 비가 내리고 있습니다. 어릴 적 그릇을 깨 놓고 어머니께 꾸중을 들을까 두려워하는 저를 보며, "괜찮아, 언젠가 깨질 것이 미리 깨진 것뿐이야." 하시며 보듬어 안아주시던 일, 지금도 기억에 남아 있습니다. 잘못을 꾸중하시기보다는 먼저 이해해 주시고 사랑으로 감싸 주시던 분, 팔 남매를 키우시면서 큰소리 한 번 내시지 않으셨습니다. 사람들로부터 "훌륭하신 아버지를 두셨다."는 말을 들으며 저의 행동거지를 한 번 더 돌아보고 조심하게 해 주셨습니다. 저 또한 아버지처럼 다른 사람을 배려할 줄 알고 넉넉한 마음으로 세상을 보고 포용력 있는 삶을 살아가고 싶습니다.

오늘은 유난히 당신 품이 그립습니다. 언제나 제겐 삶의 지표요 커다란 버팀목이셨습니다. 그래서 씩씩하게 세상 속으로 나갈 수 있었습니다. 살아가면서 부모님의 몫이 얼마나 큰 것인지 생각하게 해 주셨습니다.

아버지!

저희 곁을 떠나서 가장 궁금하게 생각하시는 분이 어머니시겠지요? 어쩌면 하늘나라에서 이미 다 보고 계시겠지만, 어머니께서는 지금 어린 아기가 되어 셋째아들 집에 계십니다. 식사하시고도 밥을 주지 않고 자기들만 먹는다고 푸념을 하시는가 하면 멀쩡한 기저귀를 갈아야 한다고 동생 내외 손자들까지 귀찮게 하시기 일쑤입니다.

수시로 냉장고 문을 열고 이것저것, 토마토케첩까지 짜 마시고 계십니다. 그렇게 잡수신 영양가는 어디로 다 빼앗겨 버리고 앙상한 뼈와 살가죽만 남았습니다. 팔 남매를 키우시기에 부족함이 없었다고 자랑하시던 그 큰 젖가슴은 어디로 가고 쭈글쭈글 빈 자루만 남았습니다.

어머니께서 문밖출입도 하시지 못한 것이 6~7년이나 되었어요. 맏이도 아니면서 어머니 모시고 고생하는 동생네 식구에게는 미안하기만 합니다. 병원에 가시면 더 나빠지신다며 집에서 모시고 사는 동생이 고맙기만 합니다. 이렇게 살아가는 게 우리네 모습이라며 즐거운 마음으로 세끼 밥을 차려 올리는 모습을 보면 가슴이 짠합니다.

어쩌다 동생네 집엘 가면 아기처럼 반가워하시며 두 손을 번쩍 쳐들어 잡아주시는 어머니께도 미안할 따름입니다. 부모님께서 주신 모든 것 받을 줄만 알았던 지난날들, 최선의 힘으로 후회 없이 되돌려 드려야지 다짐을 합니다. 하지만 이순이 넘어 할머니 되었음에도 마음일 뿐, 몸이 따라주지 않으니 자식 된 도리를 다하지 못하고 있음을 괴로워합니다.

지극한 효자로 할아버지 정성껏 수발을 들어주시던 아버지 모습이 떠오릅니다. 그 추운 겨울날 고무장갑도 끼지 않으시고 배변으로 버려 놓은 옷을 빨고 계셨습니다. 빨래하시는 것을 보면서도 대신할 엄두도 내지 못했던 제가 자식이었던지 반성을 합니다.

'어머니 사시는 모습이 안쓰러워 돌아가시라고 기도할 수도 없고 마음만 아프다.'는 제게 "사시는 동안 편안히 살다 가게 하시라고 기도하라." 하던 올케가 고맙기만 하답니다. 긴 병에 효자 없다는데 그래도 열심히 모시는 동생네 식구를 보면 늘 고마울 따름입니다. 이제 살아계신 어머님께라도 자식으로 후회없이 보살펴 드리도록 전심을 다하겠습니다.

아버지!

기일을 맞아 다시 한 번 아버지 생전의 삶을 그리며, 어머님을 평안히 모시고 저희 또한 당신같이 넉넉한 마음으로 세상 살아갈 것을 약속드립니다.

함께 갈 수 없는 길

가끔 '죽고 싶다' 그런 생각을 해 본 적이 누구나 한두 번쯤은 있지 않을까. 내가 그가 아닌데 어찌 그 마음을 알겠는가, 시대의 변천과 함께 사람들의 인내심은 점점 줄어들고 빨리 흥분하고 화를 낸다. 또 쉽고 편하게만 살려 하기 때문인지도 모른다. 어느 책에서 '고통은 인간의 성장을 돕는 커다란 힘이다. 고통에도 반드시 긍정적인 가치가 있다.'는 구절을 읽은 적이 있다. 세상을 긍정적인 마음으로 바라보게 되면 아름다운 세상, 살 맛 나는 세상으로 변하게 되고 살아있음이 큰 축복이요. 감사할 일임을 깨닫게 된다.

삶과 죽음, 우리에게 느끼는 의미는 참으로 다르다. 영혼과 육신이 이승과 저승으로 갈라져 소통조차 할 수가 없는데 어떻게 그리 쉽게 사랑하는 사람들과 세상을 이별하려 하는가.

92세의 어머니께서는 온전한 정신이 드실 때면 당신의 애장품과 옷가지들을 정리하며 세상과의 이별을 준비하고 계셨다. 그중에 어머니는 가락지 한 쌍을 아주 소중하게 여기며 늘 가운뎃손가락에 끼고 계셨다. 어느 해, 딸이 은반지를 해 드리면 부모님이 오래 사신다고 해서 맏딸인 언니가 해 드린 것이다.

불효라며 안 된다는 동생을 설득해 앙상한 겨울 나뭇등걸 같은 어머니를 요양원으로 모셨다. 도착하자 "너희 편해지려고 나 여기 데려왔지." 하시던 어머니의 말씀이 비수처럼 가슴에 꽂혔다. 하지만 나로서는 어머니를 위하고 동생 내외를 위한 최상의 선택이었노라 변명하며 위로받고 싶었다.

하루도 거르지 않고 어머니를 찾아가 집에 계신 것처럼 해 드리는 동생을 보면 고맙기만 했다. 일주일에 두세 번 들르는 게 고작이었던 나는 목욕을 시켜 드리지 않아도 되었고, 이것저것 신경을 쓰고 마음을 졸이지 않아도 되었다. 결국은 나 편하여지자는 이기적인 생각이 더 큰 비중을 차지한 것이었지 싶다.

요양원에서 자주 목욕도 시켜드리고, 이것저것 불편 없이 잘해 준다며 "좋아, 잘 해줘."라고 하실 때면 다행이라며 스스로 위안으로 삼곤 했다. 이곳에 계시는 것이 정말 좋으신 걸까. 자식들 마음 편해지라고 그런 말씀을 하신 걸까. 아무리 시설에서 잘해드린다 해도 어찌 내 집에서 자식들의 보살핌을 받는 것보다 나으랴.

일 년간 요양원 생활을 하셨다. 뵙고 싶으면 언제든 찾아갈 수 있었고, 어머니라 부를 수 있는 이름이 있어 행복했는데, 이제 그 시간이 얼마 남지 않은 듯했다. 꼭 감은 눈, 꼭 다문 입, 어머니는 지금 무슨 생각을 하고 계실까. 그런 어머니를 지켜보자니 젊은 나이에 먼 길을 떠나려던 남편 앞에 처절하고 암담한 심정으로 서 있던 내가 보인다. 나도 함께 따라가고 싶었던 길, 목 놓아 부르고 또 불렀던 그때, 되돌릴 수만 있다면 몇 번이고 되돌리고 싶었다.

남편은 떠가기 싫어했던 길을 어머니께서 가시려는 참이다.

똑같은 이별인데 왜 나에게 이런 일이 있느냐며 저항하고 부정하며 받아들이고 싶지 않았던, 그날의 내가 아닌, 운명을 받아들이겠다는 심정으로 어머니를 배웅하려고 와 있다.

"어머니, 참 훌륭하게 사셨어요. 저희가 사회에서 일할 수 있도록 잘 키워주셔서 정말 고마워요. 사랑해요." 눈도 뜨시지 못한 채 입술만 움직이며 하나하나 작별인사를 나누었다. 아들딸 손자, 손자며느리까지 보고 싶은 사람들은 다 모였는데 곧 숨이 멎을 것만 같은 어머니는 세상의 끈을 놓지 못하고 계셨다.

"다른 사람 같았으면 벌써 돌아가셨을 텐데 참 정신력이 대단하시네요." 임종을 함께 지켜보던 수녀님께서도 안쓰러워하신다. 맥박이 뚝뚝 떨어지고 산소 포화도가 견딜 수 없도록 떨어져도 정신 줄을 놓지 않고 계심은 왜일까. 세상을 떠나지 못하는 초능력적인 힘이라도 작용하고 있는 것일까. 몰아쉬는 숨을 바라보고 있는 마음은 안타깝기만 했다.

그때 누군가 "큰언니, 큰언니 기다리시나 봐, 돌아가셨다고 말씀드려요." 미처 생각하지 못했다. 언니는 4년 전 이미 고인이 됐는데, 연로하신 어머니께 말씀드릴 수가 없었다. 소식을 물을 때면 러시아 근무하는 외손자에게 가 있어 연락이 안 된다는 거짓말을 해 왔다.

"어머니, 언니 기다리세요? 언니는 먼저 하늘나라에 가서 어머니를 기다리고 있어요. 곧 만나게 될 거예요."

그제야 가끔 몰아쉬던 숨이 편안해지고 얼굴이 평온해 보인다. 언니를 기다리고 계셨음이 분명하다. 신장이식에 고혈압, 당뇨, 골다공증까지 겹쳐 몇 년을 바깥출입도 못 했던 언니를 늘 걱정해 오셨다. "어머니 돌아가실 때 내 나쁜 병 다 가지고 가셔요."라고 했던 언니를 잊지 않고 기다리고 계셨음이 분명하다. '내가 가져갈 터이니 아프지 말고 살다 오너라.' 하려고 기다리셨나 보다.

큰오빠를 교통사고로, 둘째 사위를 먼저 가슴에 묻으신 어머니는 어쩌면 앓고 있는 언니의 병을 가져가고 싶으셨을 것이다. 이제 편안해진 어머니 모습을 보며 좋은 곳으로 가시길 기도드렸다. 자식들 다 불러 모아놓으시고 어머니는 이제 이 세상과 이별을 하려는 거였다. 보고 싶어도 볼 수 없고 불러도 대답할 수 없는 곳, 함께 가고 싶어도 갈 수 없는 그 길을 가시려는 것이다.

그들만 죄인이 아니다

유월의 뜨거운 태양 빛을 받으며 들어간 그곳은 조용했다. 좀 이른 시간에 도착했기에 대기실의 무더위를 피하고 싶어 의자가 있는 나무 그늘에서 잠시 쉬었다. 우리의 마음을 헤아리기라도 하듯 시원하게 바람이 불어주었고, 하늘도 구름 한 점 없이 밝고 환한 미소로 오늘을 축복한다.

글 공모전 시상식, 벌써 아홉 번째의 행사다. 주민등록증과 소지품을 맡기고 팔목에 하나하나 도장을 찍으며 들어갔다. 자유롭게 들어갈 수 있는 문이 아니다. 자유롭게 돌아다닐 수 있는 공간이 아니다. 같은 하늘 아래 철문 하나 사이의 짧은 공간이 너무 다르고 아득히 멀다는 생각이 든다.

그들의 글 속에는 그들만의 진솔한 마음을 간직하고 있었다. 읽어가며 함께 눈물짓고 감동하고, 가족 사랑을 뼈저리게 느끼기도 하였다. 지난 일들에 대한 후회를 읽을 수 있기에 그들만의 삶을 조금은 이해 할 수도 있다. '사랑'을 가슴속에 간직하고, 삶의 의미를 되새기는 아름다운 시간이 되기를 마음으로 기도한다. 그들의 삶에 희망과 사랑이 싹트길 바라며 함께한 시간이다.

이분들이 어찌 죄라는 명목에 엮여 이곳에 머무르게 되었는가? 순간적으로 저질러진 일이거나, 오염된 이 사회가 죄를 짓게 만들지나 않았는지 한 시대를 살아가는 우리들이 함께 책임져야 할 일은 아닌지 자신을 뒤돌아보게도 된다. 비록 인간이 만든 법의 굴레에서 심판을 받고 있지만, 그들만이 죄인이라고 하기 전에 우리 모두의 책임일 수도 있다.

편지글, 산문, 운문, 독후감 등 보내 온 글을 읽어가며 함께 안타까워했고, 함께 가슴 아파했다. 죄는 미워하되 사람은 미워하지 말라는 말에 참으로 공감이 갔다. 글로 표현하면서 어쩌면 가슴속에 응어리진 마음과 그리움을 그려내며 한 올, 한 올 얽힌 실타래가 풀어져나가듯 가슴이 후련해지는 느낌도 들었을 것이다. 하나 어찌 말로 다 표현할 수 있으랴. 못다 한 표현이 더 가슴 저미게 하고 아쉬웠을 수도 있겠다 싶었다.

저는 죄인입니다. 하루를 살면 하루가, 하루를 더 살면 하루 더 죄를 짓게 됩니다. 기도를 어떻게 해야 하는지도 모르고 글을 알지도 못합니다. 죄인을 용서해 주십시오. 글도 모르고 배운 것도 없는 어느 할머니의 기도다. 간결하고 진실한 그 기도 속에는 얼마나 많은 할머니의 마음이 들어있는가. 우리는 살아가면서 알게 모르게 죄를 지으며 산다. 그래서 글을 잘 모르고, 기도를 할 줄 모른다면서 할머니는 하루를 살면 그 하루가 죄라 했는지도 모른다. 때로 말로 사람을 죽이기도 하고, 다른 사람의 가슴을 비수처럼 찌르기도 하여 가슴에 상처를 남겨 놓기도 한다. 우리는 모두가 죄인이다. 이웃 사랑하기를 내 몸과 같이 하고 왼쪽 빰을 때리면 오른쪽마저 내놓는 삶을 살아가는 사람들, 예수님처럼 살아갈 수 있는 사람이 있을까. 그렇게 큰 사랑을 나눌 수만 있다면 이 세상은 사랑의 꽃으로 장식되었으리라.

세상 이쪽이나 그쪽이나 사람 사는 것은 매한가지가 아닌가. 자식을 그리워하고, 부모형제를 그리며 사랑하는 마음이 어찌 다르며, 부부간의 사랑이 어찌 다르겠는가. 구구절절이 애달픈 마음을 지울 수가 없다. 자식을 내 품에서 아주 떠나보낸다는 것은 마음일 뿐이고, 생각뿐이지 않는가? 그립고 보고 싶고, 가슴속에 품고 사는 어미의 마음을 어떻게 위로해주고 보듬어 상처를 치유해 주겠는가.

대상을 받은 어느 수인이 아들에게 쓴 편지를 눈물을 감추고 낭송하다가 끝내 오열하고 만다. 뼈를 깎는 아픔으로 자식을 떠나보내고, 살아오면서 가장 잘한 일이 있다면 자식을 만나지 않고 떠나보낸 거라며 끝내 자신의 소식을 몰라주기를 갈망한다. 얼마나 자식을 보고 싶었을까? 얼마나 가슴에 안고 싶었을까? 참고 또 참으며 이역만리 타국에서 엄마를 보겠다고 온 아들을 만나지 않겠다며 너의 엄마는 이곳에 머물지 않는다고 말해 달라는 대목을 읽으며 목이 메어 더듬거리던 그 떨리는 목소리를 잊을 수가 없다.

또 이런 수인도 있다. 간암 판정을 받고 자신의 아픈 모습을 보이지 않으려고 사력을 다한 남편, 당신 출소 후 지금 이 모습으로 못 올린 결혼식을 올리자며 출소할 때까지 기다리겠다던 남편이었다. 내내 오지 않던 남편이 신사복을 말쑥하게 차려입고 양복주머니에 꽃을 꽂고, 단정하게 이발을 하고 면회를 왔다. 눈치도 없이 "누구 염장 지르느냐, 바람이라도 난 거냐."고 억지소리만 해댄 자신을 용서할 수가 없다는 절규의 글이다. 한 달을 채 넘기지 못하고 "약속을 지키지 못해 미안하다."며 울음으로 세상을 하직했다는 유언을 전해 들었다. 꽃을 달고 면회 올 때 입은 옷 그대로 찍은 영정사진을 품에 안고 몸부림쳤을 그녀의 아픔이 전달되어 여기저기서 훌쩍이는 소리가 들렸다.

'누군가의 가슴에 오래오래 머물러 떠나지 않는 것은 아직 못다 준 사랑이 남아있기 때문이며 바닷물처럼 짠 눈물이 남아 있기 때문이다.'라는 글을 읽는 여인의 가슴속에 담긴 그분은 그래도 행복한 사람이다.

잘못된 생각, 순간의 실수, 피치 못할 사연들을 보면 오염되고 혼탁한 사회 속에서 지켜야 할 법을 지켜내지 못한 그들만 어찌 죄인이라 하겠는가.

5부

돌아온 모자

돌아온 모자

성지순례를 가기 위해 평소보다 일찍 일어났다. 미리미리 준비를 해 놓던 준비성은 어디로 가고 꼼지락거리다 보니 훌쩍 시간이 가 버렸다. 걸어가자니 시간이 어중간하다. 아침부터 헐레벌떡 뛰어가기도 그렇고 여유롭게 택시를 타기로 마음먹었다.

인상이 좋아 보이는 중년의 기사님 인사를 받으며 기분 좋게 출발하였다. 성당 가까운 거리에서 평소 허리가 아파 걸음도 잘 걷지 못하는 교우 한 분을 만났다. "기사님, 허리가 아파서 잘 못 걷는 것 같은데 태워 주셨으면 좋겠어요." 기사는 고맙게도 차에 태워 주어서 함께 성당엘 갈 수 있었다. 택시에서 내려 성당 마당을 밟으면서 아! 내 모자 가방과 모자를 함께 들고 있던 나는 자리를 옆으로 비켜 주면서 잠시 모자를 내 몸에서 떼어놓은 게 문제였다. 내 손에서 놓은 물건은 내 것이 아닌 양 잃어버리기 십상이다.

택시에 내려놓은 모자를 생각하고 곧 발길을 돌렸지만, 택시는 이미 보이지 않았다. 나에게 가장 잘 어울린다고 생각하고 다른 사람 또한 멋지고 세련미 있다고 했던 것이라서 평소 아끼고 즐겨 쓰던 모자다. 잊어버렸다고 생각하니 좀 서운했다. 하지만 어떻게 연락할 길이 없다. 혹시 운전하다가 성당 가까이 오게 되면 성당에 갖다 놓지 않을까. 왠지 기사와 커뮤니케이션이 통할 것 같았다. 생각은 그렇게 했지만 큰 기대를 하지는 않았다.

성당에서 간단하게 기도하고 버스에 올랐다. 나는 무슨 일이든 쉽게 잊는 편이다. 어차피 돌아올 가능성은 극히 희박하니 집착하고 생각이 계속 꼬리를 물면 스트레스만 받는다는 생각으로 마음에서 싹 지우려 노력한다. 그러고 잊어버렸다. 즐거운 마음으로 성지 순례를 하자. 자연 속의 깨끗하게 정화된 맑은 공기와 바람은 한결 마음을 상큼하게 만들어 준다.

성지에서의 엄숙함과 수녀원에서의 미사는 한결 집중할 수 있는 힘이 주어졌다. 잠시나마 조선의 박해를 피해 이곳에 머물렀던 페레올 주교님과 다블뤼 안토니오 신부님의 신앙을 생각하며 십자가의 길 기도를 했다. 순화된 깨끗하고 맑은 마음으로 세상 속에서 삶을 이어갔으면 좋겠다는 마음을 간직하고 곱게 물든 단풍의 알록달록한 수리치골 성지를 돌았다. 돌아올 때의 마음은 갈 때와는 달리 맑고 개운했다.

돌아오는 버스 안에서 잊었다고 생각했는데 아침 일이 다시 떠오른다. 함께 타고 온 사람은 자기 때문에 모자를 잃어버린 것 같아 미안하다고 한다. 전혀 그건 아니다. 분명 칠칠치 못한 내 잘못이다. 그리고 다 잊었다고 말하면서도 은근히 미련은 남아 있다. 혹시 그 기사가 성당에 갖다 놓아 주었으면 얼마나 좋을까.

버스에서 내려 혹시나 하는 맘으로 성당 현관 앞에 가 보았다. 거기에 내 모자가 덩그마니 놓여 있다. 반가운 나머지 나도 모르게 모자를 번쩍 들어 올렸다. 내 느낌이 그대로 맞은 것이 신기했다. 중간에 사람을 태워준 게 고마워 택시 요금을 내고 거스름돈을 받지 않아서 일까? 아니면 "기사님, 대박 나세요." 덕담을 나누며 호감을 준 때문일까? 내 손에 다시 돌아온 모자를 쓰며 더 큰 정이 간다.

나에겐 이런 일이 몇 번이나 있었다. 한번은 결혼반지를 시외의 어느 식당에서 잃어버린 적이 있다. 나의 잘못된 욕심 때문이라고 생각했다. 나에게 '돈 주고도 못 배울 것을 배우게 해 주었다.'고 감사의 기도를 한 것은 좋은 경험으로 치부한 때문이다. 그런데 하루 이틀도 아니고 닷새나 지나서 반지는 거짓말처럼 나에게 돌아왔다. 꽃을 좋아하는 나는 그 집 연못의 수련이 아름다워 주인 허락을 받고 수련을 채취하기 위해 연못에 손을 넣었는데 그때 빠진 것으로 여겼다. 나의 욕심 때문이라고 반성하고 찾는다는 걸 포기한 상태였다.

그날은 손님들을 실어 나르고 종업원들을 실어다 놓고는 식당 주인이 혹시나 하며 차 안을 한 번 더 찾아보았는데 차 바닥에 떨어져 있었다고 한다. 아마 차가 흔들릴 때 어느 구석에 묻혀 있다가 튀어 나온 것 같다고 했다. 이름 있는 반지라서 더 신경이 많이 쓰였다면서 나보다도 더 좋아했다. 반지를 돌려준 식당 주인과 종업원들에게 과일로 감사의 인사를 했다. 또 한 번은 성지순례를 가며 택시에 묵주를 놓고 내렸다. 그때도 택시 기사는 가던 길을 되돌아와 나에게 묵주를 찾아 돌려주고 갔다.

벌써 몇 번이나 잃었던 물건이 되돌아온 것은 무엇을 의미하는 것일까? 세상은 좋은 사람도 많이 있으니 세상의 아름다움을 느끼며 감사하게 살아가라는 뜻인 게다. 덜렁대는 내가 좀 창피하기도 하지만, 이번에도 감사의 인사를 하고 싶은데 택시 기사라는 것 외에 아는 것이 아무것도 없다, 그냥 '감사합니다.'를 뇌며 집으로 향하는 마음은 뿌듯하고 즐겁다. 아, 세상은 아직 살 만하구나.

마야사의 가을

10월도 얼마 남지 않았다. 언제나 그렇듯 유난히도 빠른 세월을 실감하며 모든 일 제쳐 두고 오늘은 문인 몇 분과 마야사로 향했다. 맑은 가을 하늘과 막새바람은 우리들의 마음을 한결 상쾌하게 해 주었다. 큰 도로를 벗어나 논틀밭틀을 조심스럽게 안전운전해 주는 아우 작가가 고맙기만 하다.

누렇게 익은 벼들이 고개를 숙이고 찬란한 빛깔을 뽐내듯 서 있다. 군데군데 타작한 흔적이 보이는 곳은 왠지 쓸쓸해 보인다. 작은 절은 굽은 길을 한참 올라가서야 보였다. 길옆에는 가을을 노래하듯 감국이 노랗게 피어 우리를 반기고 있다. 맑은 공기를 마시고 싶어 창을 열었다. 진한 감국 향이 바람을 타고 들어온다. 아! 이 향기로운 가을 냄새, 냄새에 취해 '좋다.'를 연발하며 차창 밖으로 연신 코를 벌름거린다. 산이라기보다는 멧부리가 낮고 편안한 언덕배기 작은 동산 같다. 한가운데에 포근하게 자리 잡은 마야사는 오래전부터 인연을 맺어 온 듯 정겹다. 내 고향이어서 더 그렇게 느껴진 것일까?

맑은 가을 하늘가 가지 끝에 걸린 노랗게 익은 감이 마야사의 대웅전과 함께 한 폭의 사생화처럼 내 감성을 불살라 준다. 세상 무엇 하나 부러울 것 없이 희망과 사랑으로 풍부했던 내 젊은 감성이 되살아나고 있다.

모든 생을 버리기라도 하듯 땅에 떨어져 풀숲에 숨죽이고 널브러진 홍시가 보인다. 저 홍시, 까치밥이라도 되었더라면 좋았을 것을…. 인생의 마지막처럼 서글퍼짐은 나이 들어감을 지울 수 없는 관습적 생각인가 보다. 그건 잠시 '늙은이는 늘 그리운 이'라던 교수님 생각에 피식 웃음이 입가에 번진다. 얼마나 희망적인 말씀인가. 그래 아직은 나에게 할 일이 너무 많아 늘 그리운 이로 남기라도 하려면 조금씩 손 놓고 쉬어가며 해야겠지? 성급하지 않고 천천히 주변에 관심도 가져보고 베풀기도 하고 사랑을 나누기도 하면서. 어쩜 비울 수 있는 지혜가 지금 제일 필요한 때인지 모른다.

합장하며 우리를 맞이해 주시는 스님의 모습이 겸곡하고 푼더분하다. 대웅전에 들러서 하느님을 믿는 우리였지만 불전을 놓고 묵념을 하며 오늘이 있음을 감사한다. 비록 신앙은 같지 않아도 진리는 하나이려니, 존경하고 믿는 이들의 마음은 같지 않을까 숙연한 마음이 들었다. 대웅전에 들어가 기도를 하고 주변을 한 바퀴 돌았다. 군데군데 좋은 법문과 시를 적어 꽂아 둔 팻말을 읽으며 아기자기하게 꾸며진 절은 스님의 분위기와 잘 조화를 이루고 있다.

공양 시간이라며 식당으로 안내했다. 천장과 바닥이 나무로 아주 잘 짜여 있었고, 식탁까지 정갈하게 꾸며진 이곳은 식당이라기보다는 조용한 찻집 같았다. 덜퍽지게 차려지진 않았지만 조촐하게 차려진 밥상에는 정성과 사랑이 조미료로 가미된 음식이 만들어졌음이 보인다. 햅쌀에 반까지 넣어 지은 밥은 윤기가 자르르 흐르며 우리를 기다리고 있다. 마늘, 생강, 다른 양념 향신료도 쓰지 않는다던데, 김치도 깻잎도 입에 착착 붙게 맛이 있다. 가을처럼 달콤하고, 향기로움을 더해 지어주신 점심을 맛있게 먹었다. 먹음직스럽게 쪄진 옥수수를 들고 나와 벤치에 앉아 정담을 나누며 '배부르다. 배부르다.' 하면서도 나도 모르게 옥수수가 입에 들어가고 있다. "밥 배 따로 있고, 옥수수 배 따로 있다."고 우스갯소리를 하며 함께한 이들의 마음은 하나가 되고 있다.

스님 방에 들어갔다. 스님께서 품위 있게 우려 준 차를 한 손으로 받쳐 들고 조심스럽게 한 모금, 한 모금, 우아하게 마시며 스님의 말씀을 들었다. "행복은 느낌이다. 순간순간의 자기 느낌 외에 다른 것으로 채우려 하니까 우리는 늘 부족한 사람이 된다. 부족한 사람은 결국 채우지 못했다는 생각이 들게 마련이고 행복은 더 멀리멀리 있다고 생각할 수밖에 없다." 하시는 스님의 말씀에 공감이 간다. 행복은 언제나 가장 가까운 곳, 내 마음 안에 있음을 깨닫지 못하고 멀리 있다고 생각함은 더 큰 기대치와 욕심 때문이리라.

현진 스님께서 쓰신 ≪산 아래 작은 암자에는 작은 스님이 산다≫ 책 선물은 더욱 우리를 행복하게 해 주었다.

'오늘의 행복을 내일로 미룰 수 없다. 오늘 느껴라.'

짙은 안개 속

선달그믐, 달빛이 으스름하다. 검은 형체만 간간이 보이던 산속이 이제는 희미함조차도 남지 않아 보이는 것이 아무것도 없다. 달릴수록 점점 짙어지는 안개는 두 사람의 마음을 점점 더 불안하게 만든다.

지금까지 살아오면서 이렇게 짙은 안개는 한 번도 본 적이 없다. 무서웠다. 여기는 첩첩산중 여기가 어딘지 짐작조차 하지 못하겠다. 우리는 길을 잃은 것이다. 가볍게 생각하고 소지품 하나 없이 나왔으니 사고라도 나면 어쩌나? "주민등록증이라도 가져올 것을." 걱정하는 내게 "내 것은 있어."라는 친구를 보며 어설프게 웃고 말았다. 이렇게 우린 차를 마시기 위해 일행 속에서 빠져나왔다.

일탈의 기쁨에 친구들은 기가 다 입으로 몰려 왔는지 쉴 새 없이 웃고 떠들고 있었다. 삼십 년이 넘는 긴 공간을 넘어 모처럼 만난 친구다. 우리는 어딘가 조용한 곳에서 차를 마시며 둘만의 시간을 즐기고 싶었다. 무작정 길을 따라가다가 길가에 조용한 찻집이 보이면 들어가기로 했다. 아무리 찾아보아도 찻집이 눈에 띄지 않는다. 길은 뚫려 있게 마련이고 어딘가에 연결되어 있을 거라며 무작정 달려왔다.

우리 인생도 그럴 것 같다. 목적 없고, 희망 없는 길을 가다 보면 지금처럼 길을 잃고 헤매기에 십상일 것이다. 하루하루를 사는 데 급급해서 꿈도 희망도 없이 아무 의미 없이 살아왔다면 삶에 무슨 의미가 있겠는가? 어쩜 자식 낳고, 남편 뒷바라지, 집안일로 세월 다 보냈다면 내 인생은 무엇일까? 산속을 헤매며 저 달빛처럼 희미한 내 인생은 이니었는지 갑사기 자신이 한심스러워졌다.

무엇을 이루었을까? 성공한 인생이라고는 생각해 본 적이 없다. 욕심의 끝이 있을까? 오늘 밤은 이 안개를 무사히 벗어나는 게 내 희망일 것이다. 굽이굽이 살아가면서 세상에 부딪히고 흔들릴 적마다 순간순간 헤쳐 나가며 살아가는 게 우리네 인생이 아닐까? 이 밤을 무사히 지나는 것처럼 말이다.

지금 우리가 하고 싶은 건 마주 앉아 차 한 잔을 마시며 지나간 일들을 얘기하고 싶은 거다. 얼마나 만나고 싶었던가. 한 방에서 뒹굴기도 하고 함께 공부했던 그 시절이 한없이 그리웠다. 이 친구도 나를 찾기 위해 청주에서 오는 친구들한테마다 수소문했다고 했다.

동생들과 자취하는 내 방에 그냥 얹혀살았던 친구는 그 학창 시절 나에게 빚을 지고 있었다고 생각을 한 모양이다. 차 한 잔! 비싼 것도 아니고 그 흔한 차 한 잔 마시기는커녕 이 밤길을 헤매고 있다. 그저 친구들에게 무사히 돌아가기 위해 온 힘을 다하고 있다. 우리가 세상을 살아가면서 갖는 희망도 이 차 한 잔과 같이 하찮은 것일지 모른다. 차 한 잔이지만 이처럼 맹목적으로 시작했다간 작은 것조차 어이없게 이루지 못하고 헤매고 있게 된다. 아는 길도 물어 가라 했는데 어딘가에 있을 거라는 막연한 짐작으로 무작정 나왔으니 어쩌면 당연한 일이었으리라. 며칠 전 수북하게 쌓인 눈은 영하의 추위에 녹지 못하고 산을 하얗게 덮어 놓고 있었다. 새벽이 가까워 올수록 짙은 안개는 우리를 더욱더 옥죄고, 싸고돌아 한 치 앞도 분간할 수가 없다. 무언가에 홀리기라도 한 듯 어딘지 이름 모를 넓은 저수지도 지났고, 저수지 옆을 돌아 오른 비탈진 산길은 높이를 짐작조차 하지 못하겠다. 미끄러운 길을 언제나 벗어나게 될지 불안하기만 한데 하늘엔 희미한 달빛만이 우리를 애처롭게 내려다보고 있다. 목적지가 없으니 내비게이션도 소용없다.

얼마만큼 달렸을까? 불빛이 보인다. 이 산중에 집이 있다. 얼마나 반가웠던지. 차를 마당에 대고 들어가려는 순간 아기를 안고 서성이던 여자는 덜컥 문을 잠가 버린다. 저 여자도 우리가 무서웠던 거다. 한밤중 이 산속에 유령처럼 나타난 우리를 혹시 구미호라도 본 듯 착각한 것일까. 하긴 사람 사는 세상에 제일 무서운 것이 사람이라니 저 여자도 우리가 무섭다는 생각이 들었겠구나. 남편이 아직 돌아오지 않은 것일까? 안개 자욱한 이 밤 자정이 넘도록 잠 못 이루고 서성이는 것을 보면 저 여자의 남편도 우리처럼 길이나 잃지 않았을까? 그곳에 더 머물다간 여자에게 두려움만 남길 것 같아 우린 또 길을 찾아 떠나야만 했다. 정담을 나누기는커녕 미끄러운 산길에서 사고라도 날까 봐 길 찾느라고 애면글면 계속 어딘가로 달렸다.

이정표도 보이지 않는다. 얼마쯤 달렸을까. 겨우 평지를 찾아 동네 어귀 전봇대에 매달려 졸고 있는 가로등을 만났다. 우린 불빛 아래서 잠시 숨 좀 돌리고 쉬었다 가기로 하고 차를 멈췄다. 가만히 눈을 감아 보았다. 남아 있는 친구들이 우리가 없어진 것을 얼마나 걱정하고 있을까. 그래도 혼자가 아닌 둘이니 조금은 안심할 수도 있겠다. 잠시 후 우린 다시 알 수 없는 길을 달린다. 얼마쯤을 달렸을까? 저만치 불빛 아래 사람들이 서 있는 모습이 보인다. 긴 시간을 헤매다 보니 무서움보다 반가웠다. 목적지를 말하며 길을 안내 해주기를 청했다. 마침 그중 한 분이 택시 운전기사여서 지리를 잘 알고 있었다. 고맙게도 그분은 우리를 안전하게 갈 수 있도록 안내해 주었다.

새벽 세 시, 드디어 친구들에게 돌아올 수 있었다. 우린 지쳐 있었다. 친구들에게 본의 아니게 걱정을 하게 만들었다. 기다리던 사람이 제시간에 돌아오지 않으면 누구나 처음엔 화를 내게 되고, 점점 시간이 길어지면서 화보다는 걱정으로 변하기 마련이다.

무사히 안개를 뚫고 돌아왔다. 친구들은 돌아온 우리에게 '아름다운 추억 하나 만들었다.'며 화를 내기보다는 편히 쉬도록 잠자리를 마련해 주었다.

가을 산자락

작은 구름 조각 하나 없는 청명한 날씨다. 어딘가로 훌쩍 떠나고 싶은 이런 날 구세주처럼 아주 오랜만에 만나지 않겠냐는 친구의 전화를 받았다. 어디로 갈까 딱히 갈 곳을 정하지 못하고 그냥 출발하면서 생각하기로 했다. 점심을 무엇으로 먹을까 생각해 두라는데, 지금 이 순간은 나에게는 먹는 게 그리 중요한 부분을 차지하지 못한다. 코발트 빛 고운 하늘을 보며 그저 밖으로 나왔다는 것만으로도 행복했다. 바깥 정취에 듬뿍 취해 버렸다. 아름다운 산야, 산허리에 걸린 구름, 확 펼쳐진 들판은 내 모든 마음을 사로잡을 만했다. 지금은 그냥 아무런 생각도 하고 싶지 않았다. 좋다. 정말 좋다. 호들갑을 떨며 감탄사만 연발한다. 너는 아직도 그런 감성이 남아 있니? 우리는 지금 감성보다는 이성에 치우쳐 체면을 차리고, 다른 사람을 의식하지 않을 수 없는 나이가 된 것 같다. 어린아이 같은 순수함보다는 복잡한 세상살이에 빠져 그만큼 모든 것에 무디어져 있다는 얘기다.

'옛날 손짜장면'이란 간판이 보인다. 넓은 들판을 가로질러 산허리에 걸린 구름을 헤치고 산속을 헤매며 아무 근심 걱정 없던 유년시절이 생각난다. 어릴 적 외식으로 가장 좋아했던 음식이 짜장면이었다. 식구들과 함께 먹었던 옛날짜장면이 떠올랐다. 아버지 월급 하나에 오롱조롱 매달린 팔 남매, 어쩌다 한자리에 모이면 우린 언제나 행복했다. "언니는 그랬잖아." "너는 어떻고?" 지난날을 얘기할 때면 다시 살갑던 어린 시절로 돌아가곤 한다. 짜장면을 먹으면서 행복했던 날, 우린 지금보다 훨씬 더 가난했다. 그래 오늘은 돌아오는 길에 여기서 짜장면을 먹어 보아야 하겠다. 비록 어릴 적 그 맛이 아닐지라도 말이다.

핵가족시대 적은 가족 수는 참으로 사람들을 이기적으로 만들어 놓는 것 같다. 아옹다옹 지지고 볶으며, 내 방은 생각지도 못하고 함께 공부하고 놀았던 시절, 언니는 동생을 도와주고 보살펴 주며 우린 공존하는 법을 배웠다. 이제는 핵가족 시대로 저밖에 모르는 세상이 되어 버린 것을 누구를 탓하랴.

시원한 바람, 맑은 물, 울긋불긋한 산을 배경으로 한 화양계곡의 한 자락 청소년 수련원에서 우린 내렸다. 여름 한철 다 보내고 학생들이 떠난 야영장은 한가롭기 그지없다. 자물쇠로 굳게 걸려 있는 문이 왠지 무겁게 느껴진다.

어디를 가도 가슴이 트일 듯한 가을의 한가운데서 우린 어깨를 나란히 걸었다. 아름드리 굴참나무와 소나무가 어우러져 어느 곳을 걸어도 평화롭다.

떨어진 도토리를 열심히 주우며 한가롭게 자연으로 들어가고 있었다. 큰 나무에 비해 떨어진 도토리가 드문드문 어쩌다 하나씩 보일 뿐이다. 저만치서 할머니 두 분이 도토리를 줍고 있었다. 당신들의 영역에 침입자라도 된 줄 알고 미리 선술을 치신다. "여기서는 어정개비밖에 안 돼."라고, 도토리가 많지 않으니 어정어정 어정거릴 수밖에. 웃음이 절로 나왔다. 평소 별로 듣지 못하던 충청도 할머니의 투박한 말투, 생소하게 들렸던 할머니의 표현에 정감이 간다. 참으로 한가해지는 단어, 이 조용한 산골에나 어울릴 듯 마음조차 편안해지는 단어다. 요즈음 같은 스피드시대와는 영 어울리지 않는 말이다. 어정거리기만 하다가는 제 밥도 찾아 먹지 못하리라. 하지만 때로 한 발짝 늦추어 생각하고 잠시 이렇게 머리를 식혀 주는 것도 생활의 활력소가 되리라. 오늘은 어정거리며, 바쁜 세상에서 한숨 돌리고 벗어나고 싶다.

두 할머니는 다리가 아파 산에 오르지 못하고 운동 삼아 틈틈이 이곳에 와서 어정거리신단다. 그러니 한정된 이곳에 도토리가 쉬이 눈에 뜨이지 않을 수밖에 없었겠다. 그래도 앞치마가 축 늘어져 있는 모양이 어찌 그리 푸근한지, 한 주먹 모은 도토리를 두 할머니에게 똑같이 나누어 드렸다. 티끌 모아 태산이라고 몇 날 며칠 저렇게 모아들인 도토리로 외지에 사는 자손들을 위해 도토리묵을 쑤시겠지. 2,000원이면 사 먹을 수 있는 도토리묵이다. 돈으로 치면 얼마 안 되는 것이지만 자손들이 오면 정성으로 만들어 주시며 마음은 또 얼마나 행복해 하실까. 부보 자식간의 인연이란 전생에 빚쟁이 관계로 만난 사이라 하니 부모는 자식을 위해서 뭐든지 다 줘도 아까운 것이 없다. 하나라도 더 주지 못해 안타까워한다. 그것이 부모의 마음이다. 자식들은 또한 맡겨 놓았던 것을 찾아가듯이 받아 가는데 길들어져 있다.

저 할머니들이 어정거릴 힘이라도 있음은 축복받을 일이다. 건강보다 더 큰 축복은 없으니까. 할머니들의 영역을 벗어나 들길을 걸어 송사리 떼들이 유영하고 있는 물속에 혹시 올갱이(다슬기)라도 보이지 않을까 돌을 들추어 본다. 올갱이는 보이지 않고, 맑은 가을 하늘이 곱게 그려진 물속엔 또 다른 가을이 영글어 가고 있다.

운조루에서

마음이 괴롭거나 울적해지고, 생각으로 뒤엉켜 머리가 혼란해지면 가고 싶은 게 여행이다. 혼자라는 이유로 지금까지 벼르기만 하고 엄두를 내지 못하고 있었다.

모처럼 마음이 맞는 사람들과의 여행은 나의 밤잠을 설치게 했다. 엊그제 온 비로 깨끗하게 목욕하고 욕실에서 막 나온 갓난아기 볼기처럼 연록 잎들이 눈부시다. 밝은 햇살을 받아 윤기도는 모습이 손으로 만지기만 해도 곧 찢어져 버릴 것 같다. 하늘을 바탕으로 멋지게 그려 놓은 침엽수와 활엽수가 어우러진 모습이 눈을 현란 시킨다. 참으로 오랜만에 떠나는 여행이기에 그저 감격뿐이다. 차창 밖으로 지나는 정경들, 산을 울타리 삼아 옹기종기 모여 동네를 이룬 촌락이 보인다.

목적지인 토지의 주인공 최서희, 최 참판 댁을 지나 구름 속의 새처럼 숨어 산다는 운조루에 들른다. 문 앞 통나무로 된 나눔의 쌀독이 놓여 있다. 누구나 필요한 사람은 퍼 갈 수 있도록 쌀을 그득 담아놓고 있다. 넉넉한 마음 씀씀이를 엿본다. 고향 집처럼 빗장이 풀려 열려 있는 대문을 삐거덕 소리 나게 밀어 보았다. 행여 문소리에 할머니께서 버선발로 뛰어나오시지나 않을까 기대를 하면서 말이다. 아무도 없는 듯 조용한데 댓돌 위에 신발이 하나, 둘, 셋, 넷 네 켤레나 놓여 있다. 네 식구일까? 나도 신발을 벗어 나란히 놓아두고 마루에 걸터앉아 보았다. 내 집에 온 듯 마음이 편안해진다.

고향을 떠난 지 벌써 40년이나 되었건만 가슴 한쪽에서 늘 추억으로 남아 있던 고향 집이다. 마당 한쪽에 한 가족처럼 옹기종기 모여 있는 투박한 장독대가 낯설지가 않다. 그중에서 가장 큰 독을 열어 보았다. 달콤한 간장 냄새가 할머니 냄새처럼 후각을 자극한다. 대가답게 하나 가득 담긴 간장 속에 얼비친 내 모습이 이 집의 주인이라도 된 듯 미소를 짓고 있다. 간장독에는 어느 때든지 간장을 퍼 갈 수 있도록 조롱박이 동동 떠 있다. 장독 뚜껑도 만져보고 불뚝 튀어나온 항아리 배도 만져보았다. 지난날 생각에 울컥 가슴에 숨겨있던 그 무엇을 토해내듯 눈물이 맺힌다. 부엌 앞에 놓인 돌절구통을 보니 어릴 적 허리 구부정한 내 할머니께서 절구질하시던 모습이 생생하게 떠올라 달려가 품에 안기고 싶어진다.

뒤뜰을 돌아 나와 부엌을 들여다보니 커다란 가마솥이 기름기를 머금고 반짝이는 모습으로 나를 반긴다. 정갈하고 깨끗하게 닦아놓은 부엌, 얼마 만에 느껴 보는 마음인가. 부엌 앞에 놓인 맷돌을 보니 할머니를 힘들게 했던 생각이 난다. 팔이 짧아 내 몸무게까지 실어 더 무겁게 맷돌을 돌리게 해 드린 걸 그땐 몰랐다. 할머니 일을 거들어 드리는 줄 알았으니까. 지금이라면 더 힘 있게 갈 수 있을 텐데 아쉬운 생각도 해 본다.

나는 어려서부터 부모님을 떠나 조부모님 밑에서 자랐다. 두 분의 적적함을 달래기 위해시였다. 난 할머니를 유난히 따르고 좋아했다. 혼자 있어도 외롭지 않았다. 그곳엔 놀잇감도 많았고 순박한 동네 아이들과 선머슴처럼 이산 저산 누비며 노는 것도 재미있었다. 내 적성에 도회지보다는 시골이 더 맞았던지 아주 활달하고 건강하게 자랐다. 길옆 아름드리 소나무 아래서 '무궁화 꽃이 피었습니다.' 숨바꼭질을 즐겨하던 어린 내가 동네 안을 돌아다니고 있는 듯한 착각에 빠진다. 마을 어귀 느티나무에 칭칭 매어 놓은 새끼줄을 보고 그 앞을 지나려면 무서움에 어린 가슴이 두근거리기까지 했다. 오늘은 수령 육백 년이나 된 새끼줄이 칭칭 매여 있는 느티나무 아래서 점심을 먹으면서도 하나도 무섭지 않았다. 무섭기는커녕 나무에 안주와 술을 한 잔 권할 만큼 나이를 먹었다.

그런데 어린 시절 그 친구들은 지금 어디서 무엇을 하고 지낼까? 나처럼 고향을 그리고 있지나 않은지. 내 마음은 어느새 토담 아래 양지쪽에 가마니를 펴 놓고 사금파리 주워 솥을 만들고, 모래알로 밥 짓는 엄마 노릇하던 천진한 어린이가 되어 고향으로 돌아가고 있다.

어머니 품 같은 지리산

여행은 언제나 나를 들뜨게 한다. 모처럼 친한 몇 친구들과 지리산으로 단풍놀이를 왔다. 맑고 청명한 하늘도 우리의 여행을 축복이라도 해 주는가 보다.

전남 구례군 산동면 그곳에 내 어머니처럼 포근한 지리산이 있다. 달리는 차창 가로 보이는 산비탈로 정상까지 죽 융단을 깔아 놓은 듯 울긋불긋 화려한 오색 단풍이 나를 현혹한다. 훨훨

날아가 살포시 내려앉아도 보고 싶고, 하늘을 보며 편안히 누워 있으면 세상 부러울 것 하나도 없을 것만 같다.

잎이 다 져 버리고, 붉은 열매만 가지마다 매달고 있는 산수유가 나를 부르고 있다. 빛깔 고운 하늘과 어우러진 모습은 오는 이들의 마음을 붙잡아 발걸음마저 머무르게 한다.

늦가을 높은 멧부리에만 하얗게 내린 눈을 바라보니 할아버지의 푸근하고 인자로운 모습으로 내게 다가온다. 잎 지고 물 먹은 가지들이 오는 봄을 기다리며 우리를 맞이한다. 숨 몰아쉬며 오르막길을 오르다 보이는 풍경은 사계절 모두 어머니 품같이 따스함이 감돈다.

앞산 뒷산 포개어진 모습은 등에 아기를 안고 업고, 어르고 달래며 잠재우는 듯하다. 따듯한 가슴으로 부드럽게 감싸 안고 있는 어머니 형상으로 내게 다가와 휴식처같이 마음을 평온하게 감싸 준다.

산정호수 맑은 물속에는 한 폭의 산수화가 곱게 그려져 있다. 저 안에 용궁이라도 들어 있지 않을까 한참을 들여다 본다. 얼비친 그림 안에는 물소리, 바람 소리, 속삭이는 산새들의 사랑 노래까지 실어 놓았다. 고운 하늘 예쁜 구름 함께 들어와 하늘 위에 올라앉은 신선이라도 된 듯 물가에 앉았다. 고운 임 무릎에 뉘어 놓고 애절한 사랑의 노래를 부른다. 지리산은 이렇게 나를 감상에 젖게도 해 주고, 지친 내 등을 다독여 주기도 한다.

처마 끝 섬진강 물안개를 헤치고 옹기종기 모인 촌가들이 오순도순 정겹다. 〈사랑을 위하여〉 노래를 부르며 화개 장터로 발길을 옮겼다. 줄지어 늘어선 아낙들이 물건들로 판을 벌여 놓고 있다. 갖가지 잡곡들이며, 농산물, 냉이며 들나물, 말린 산나물과 호박고지 등등 볼거리들이 많다. 호기심이 간다. 모두가 정겨운 모습, 그리움이다.

부모님을 떠나 시골 할머니한테서 자랄 때 보아 왔던 올망졸망 쌓아 놓은 보따리들이 다 여기에 모여 있는 성싶다. 전깃불도 없어 호롱불 아래서 벌레 먹은 콩을 골라내던 어린 시절 추억 속으로 빠져들어 나도 모르게 이것저것 사 모은다.

백두대간 1,400km의 끝자락 뱀사골, 피아골의 피비린내 나던 공비토벌의 아픔도, 사랑하는 이와의 애끓는 이별도 이제는 잊혀 가고 있다. 어느 여인네의 한도, 면면 이야기로 모두 가슴 뒤편에 물리고, 한바탕 한풀이로 끝맺음하듯 그렇게 사위어 세월의 흐름 속에 접어 두었다. 그 숱한 만고풍상 모진 비바람 모두 이겨내고, 지난날 혼란과 암울을 벗어버렸다.

평화와 정을 담뿍 안고 말없이 우뚝 선 지리산, 어머니의 강인함은 언제나 의연하기만 하다. 모든 애환, 지나온 세월 차곡차곡 쌓으며 묵묵히 서 있는 곳, 그 안에 온갖 잡념 시련 모두 씻어버리고 이곳에 머무르고 싶다.

아리따운 연인들의 모습도, 사랑하는 가족 나들이도 고통과 괴로움을 안고 온 사람도 모두 따사롭게 맞아 주는 곳이 이곳이지 싶다. 삶에 지치고 멍든 시련의 아픔을 안고 오는 이는 더욱 쓰다듬고 위로해 주고, 아픔을 달래준다.

나는 오를 때마다 어머니 품 같은 이 지리산을 좋아한다.

식물원에서 생긴 일

이른 봄, 찬바람을 가슴으로 맞으며 한택식물원에 갔다. 아직 나뭇가지에 싹이 보이지 않아 나목만 쓸쓸하다. 20만 평 넓은 산마루에는 9000여 종의 나무와 꽃들이 널려 있다. 낮은 산자락엔 산수유 꽃이 활짝 피어 우리를 반기고 있었다. 평소 꽃을 좋아하는 나는 아침부터 설레는 마음을 감출 수가 없었다. 아래로부터 올라가며 보이는 갖가지 흰색, 노란색, 보라

색 크로커스와 노란색 복수초가 군락을 이루고 있고, 작은 제비꽃도 만발해 있다. 허리 굽은 할미꽃, 노루귀를 닮은 노루귀, 나무 밑에 작은 풀들 속에 냉이도 예쁘게 꽃을 피우고 자리 잡고 있다. 목련도 고고하게 나를 맞이해 준다. 여러 가지 꽃을 보며 관리하기에 얼마나 힘이 들었을까 사람의 힘이 대단하단 생각을 하게 했다.

산길 오르느라 힘들세라 산 중턱 곳곳에 쉼터와 매점이 있어 허기진 배를 채우며 쉬기도 하고, 천천히 산길을 따라 내려오며 둥글게 지어놓은 온실 하나하나 들러보았다. 평소 보지 못하던 희귀한 꽃들에 정신을 쏟고 사진 찍기에 여념이 없었다. 누가 시키지 않아도 계절을 잘 찾아오는 자연의 섭리에 감탄하지 않을 수 없다.

식물원을 내려와 멋지게 지은 이 층 식당(풍뎅이 카페)에 올라 점심을 맛있게 먹고 나오려니 식물원 입구에서 야생식물과 작은 꽃을 팔고 있다. 작은 플라스틱 화분에 비교적 저렴하고 귀여운 화초가 대부분이다. 꽃을 파는 사람은 그곳을 찾는 손님들에게 친절하고 자유롭게 불편함 없이 꽃을 볼 수 있게 안내를 잘해주고 있다.

주근깨가 있는 젊은 직원은 카우보이 모자 같은 챙이 넓은 모자를 쓰고 있었는데 덩치에 비해 좀 크다 싶었지만 그것이 얼굴을 다 드러나게 하지 않아 이국적이고 신선한 느낌을 준다. 아주 인상이 좋았다.

나는 마음에 들고 흔하지 않은 꽃 몇 개를 골랐다. 값을 치르려다 말고 현금 영수증이 되느냐고 물으며, 다시 이것저것 구경했다. 이미 일행이 차 안에서 기다리고 있어 마음이 바빴다. 돈을 주려고 지갑을 열었는데 돈을 준 것 같다. 아침에 가져온 돈이 얼마 되지 않아 액수를 알기 때문이다. 아무리 생각을 더듬고 또 더듬어 보아도 쓰임새가 생각이 나지 않는다. 난 돈을 준 것 같은데 직원은 절대 안 받았단다. 참으로 난처한 일이다. 직원은 저를 의심하고 있느냐고 하며 급기야 돈이 든 상자까지 열어 보여 주기까지 한다. 손님은 모여 들고 해결책이 나질 않는다. 아무리 생각을 되돌려 봐도 만 원의 행방을 모르겠다. 나는 분명 준 것 같은데 거듭 주자니 아깝다. 직원은 제가 선물로 드렸다 생각하고 그냥 가져가라 하지만 그냥 가져가자니 마음이 석연치 않았다. 만약 내가 돈을 내지 않고 그냥 가져간다면 저 직원은 돈을 변상해야 할 것이 아닐까?

그런데도 직원은 공손한 자세로 계속 그냥 가져가란다. 돈을 내지 않은 것이라면 계좌 이체를 하겠으니 핸드폰 전화라도 가르쳐 달라는 내게 "제가 선물 드린 것이니 잘 키우세요."라는 말만 연발했다. 못이기는 척하면서 그 자릴 뜨긴 했지만 결코, 가벼운 발길이 아니었다. 멀지 않은 곳 차까지 가는 발길이 무거웠다. 만약 돈을 다른 곳에 쓰고 기억하지 못하고 그대로 간다면 그것은 내 마음이 허락하지 않는 일이다. 직원에게 피해를 준 것이라 자신이 괴로워 감당하기 힘들지도 모른다. 기억이 나주길 기대하며 화초를 들고 동행이 기다리는 차를 막 타려는데 문득 생각이 떠올랐다. 입장료를 낸 것을 전혀 기억을 못했던 것이다. 아, 맞다. 입장료 1인당 8,000원에 장애인 4,000원 떠나기 전에 생각난 것이 얼마나 다행한 일인가. 되돌아가는 발길이 아까와 달리 가볍다. "이것 미안해서 어쩌지요? 입장료 낸 것이 이제 생각났어요." 직원도 표정이 밝아지며 천 원을 할인하려 했다. 잘 해결되어 천만다행이다.

아직 30대 초반인 한 젊은이였지만 너무 멋진 직원이다. 이 세상 살아가면서 어떤 일이든 실수를 하면서 사는 것이 우리다. 그렇지만, 그 실수를 누구나 다 관대하고 슬기롭게 처리하지는 않는다. 때론 모진 소리도 하면서 서로 허물을 끄집어내며 충돌이 생기기도 하고 못할 말을 하기도 하는 경우가 많다. 일주일치 가계부를 한꺼번에 써도 틀리지 않았던 내 기억력이었다. 언제부턴가 돌아서면 잊기 일쑤인 기억력이 나를 한심하게 만든다.

식물원 직원은 어른을 공경하는 자세를 보였고 자신이 손해를 보고라도 상대방을 불쾌하지 않도록 배려했다. 그의 표정과 말투를 모두 기억한다. 그때 사온 꽃 중의 한 포기 이름이 '트리토니아'인데 마치 그 꽃의 뜻이 기쁨이나 놀라움을 의미하는 것임을 알기나 한 듯이 그때의 그 장면은 아무 일도 없었던 것보다 더 화기애애하고 아름다웠다.

하늘공원과 부부

스산한 바람에 서걱거리며 생을 마감하는 낙엽처럼 젊음으로부터 멀어져가고 있다는 안타까운 마음 때문일까? 가을은 언제나 나를 우울하게 만든다. 하지만 오늘만큼은 모든 것 떨쳐 버리고 가을을 가슴에 듬뿍 담아 와야 하겠다.

자주 보내왔던 그분의 글과 사진, 답을 보내기만도 급급했던 마음이 통하는 지인 부부를 처음으로 만나기 위해 아침 일찍 떠나는 마음부터 설렌다.

먼저 도착한 곳은 한강에 있는 선유도공원이었다. 가지 끝에 몇 개 매달린 감이 가을을 느끼게 해 준다. 유유히 헤엄치는 오리 떼도 한가롭고, 가지각색 체육복을 입고 줄지어 마라톤대회에 참가한 이들의 모습은 마치 한 폭의 그림 같다. 은사시나무 사이를 걸으며 나누는 진솔한 이야기가 우리 사이를 더욱 가깝게 만들었다. 다리 위로 올라가니 분수가 하늘을 향해 치솟고 까마득히 하늘을 향해 선 미루나무가 우리를 반기고 있다. 옛날 시골 마을 논둑에 까마득히 높이 서 있던 미루나무를 오랜만에 보니 정겹다. 걸음을 멈추고 잠시 의자에 앉으며 이렇게 편안히 쉴 수 있는 자리가 있음이 다행이다.

승용차를 타고 쓰레기 매립지 난지도를 향했다. 월드컵경기장, 월드컵공원, 난지도공원, 평화공원 등등 몇 개의 공원을 차로 돌았다. 차에서 내려 하늘공원을 올랐다. 올라가는 길 양옆에는 갖가지 들꽃이 우리를 반겨주고 있다. 내려다보이는 난지도의 가을은 천국의 계단이 이럴까? 한강의 모습과 갈대와 억새가 조화를 이루며 하늘 아래 가득했다. '하늘공원'이란 이름이 무색하지 않았다. 반짝이는 은빛 억새는 내 키보다도 훨씬 높이서 눈부시게 한들거리고 있었다. 억새밭을 지나 군데군데 구절초 화환을 만들어 놓은 꽃 속에서 사람들은 사진 찍기 여념이 없다. 아름다운 것은 그뿐이 아니다.

내가 오늘 만난 부부는 너무도 아름다웠다. 남편의 한쪽 손엔 목발이, 또 다른 쪽엔 지팡이를 짚고 있었다. 한 손으로 장난꾸러기 아이처럼 지팡이를 빙빙 돌리는 모습을 보며 순진한 어린이처럼 참으로 세상을 아름답게 살아간다는 생각을 하였다.

한쪽 다리를 심하게 저는 남편을 보며 부인은 내게 말했다. '아주 착하고 외모로 보아 귀공자처럼 생긴 덕에 좋아하는 여인들이 많았다.'고 자랑 삼아 이야기하는 부인의 얼굴에는 행복한 미소가 가득했다. 글을 좋아하여 감성적이고 서로 말이 잘 통할 수 있어 여자들의 사랑을 많이 받으며 살아왔던 남편이란다. 세상에서 가장 사랑한다고 했던 여인들이 막상 결혼 앞에선 뒷걸음질 치고 소리 없이 떠나갔단다. "이 세상엔 외모는 멀쩡하지만, 마음이 불구인 사람도 많다는 걸 사람들은 모르고 있다."고 했다. 비록 몸은 온전하지 못하지만 온전한 이보다 더 온전한 마음과 따듯한 사랑이 가슴에 내재하여 있음을 부인은 볼 수 있었단다.

아주 작은 일에도 감사할 줄 알고, 세상을 긍정적인 눈으로 보고, 행복이 무언 줄 안다, 다른 이에게 보이지 않는 영혼의 밝고 고운 마음을 여인은 보고 있었다. 숱하게 많은 사람과 헤어진 남편에게 먼저 '결혼하자.'고 말했다는 부인의 숭고한 사랑을 알 수 있었다. 그들의 깊은 사랑이 보인다.

부부란 멀리 있어도 가장 가까운 촌수도 없는 사이, 서로 곁에 있어 행복한 순간순간 잠시만 보이지 않아도 찾느라고 두리번거리는 아내의 모습도 아름답다. 어떤 일이든 말하지 않아도 따듯한 눈길, 조용한 미소, 그윽한 눈빛 하나로 통하는 이들 부부는 보이지 않는 끈으로 엮여 아주 깊은 사랑 속에 살아가고 있다. 혼자 하는 것보다는 둘이 하는 게 수월함을 알기에, 신뢰하고 협조하고, 거들며 아름답게 살아간다. 상대방 눈의 들보가 내 눈의 티보다 작게 보이는 긍정적인 맘으로 상대를 알고 나를 맞추며 살아가는 순종의 미덕이 보인다.

이들 부부의 사랑은 무지갯빛 찬란한 사랑이기보다는 있어도 보이지 않고 없어서는 안 되는 공기 같은 사랑이다.

겉모습은 부끄러움이 아니기에 당당한 두 사람을 곁눈질해 보는 마음도 아름답다.

가을 들녘에서

늦가을 바람이 스산하다. 이 가을에는 누군가와 함께 들길을 걷고 싶었다. 시골에서 태어나 시골에서 자라 자연을 좋아하고 사계절 중 가을을 유난히 좋아한다. 모처럼 학년별 동아리 활동을 하기 위해 일찍 퇴근했다. 우리 학년은 야생화 감상을 하기로 했다.

각기 다른 꽃잎, 꽃술, 작은 풀꽃 하나도 아름답지 않은 것은 없었다. 자연의 오묘한 신비에 푹 빠져 사진을 찍어 내 마음의 꽃밭으로 옮겨 심었다. 활동을 마치고 발길을 돌려 언니 집으로 갔다. 몇 년째 바깥 출입을 하지 못하는 언니 집으로 향했다. 언니와 팔 년이라는 나이 차이가 있었지만 그게 그렇게 걸림돌이 되지는 않았다. 어머니처럼 아니 남편만큼이나 의지하며 살았다. 자매지간이란 이렇게 좋은 것이로구나. 요즈음 들어 부쩍 더 느끼게 된다.

잠시 후 친구로부터 전화가 왔다. 붙잡는 언니를 뿌리치고 집을 나섰다. 이 좋은 가을날을 그냥 보내기에는 시간이 너무 아까웠다.

미동산 수목원을 목적지로 정했다. 장소에 도착하자 눈앞에서 수목원 버스가 떠나버렸다. 떠나버린 버스를 되돌릴 재간은 없었다, 지나간 삶들을 되돌릴 수 없듯이 버스 뒤꽁무니만 쳐다보며 조금만 더 일찍 나올 것을, 언제나 삶의 한 발자국 뒤에서 아쉬움 안고 후회도 때로는 하며 살아온 나를 본다. 아이들이 자라고 더 젊고 시간이 많았을 때 난 아주머니 특유의 푹 퍼진 삶으로 무의미하게 살았다. 그동안 나는 무엇을 했을까. 남은 게 없다. 이순이 넘어서야 아뿔싸! 이것은 아니로구나. 생각이 들어 무엇인가 하고 싶은 일을 찾으며 조바심했다. 무의미하게 지낸 시간이 아쉽고 한없이 아까웠다. 시작조차 하지 않았으면서 이루고 싶은 것들로 욕심만 가득했다. 하루하루 시간이 지나면서 마음만 조급해진다. 지난 시간에 매이지 말고 할 수 있다는 용기로 도전해보자. 가장 늦었다고 생각할 때가 가장 적기라는 말에 용기를 가지고 희망을 걸어두자.

생각을 굴리고 있는데 미원행 버스가 왔다. 수목원행은 아니지만, 버스를 타고 나란히 앉았다. 잠시의 생각을 접어두자. 지금은 대화할 수 있는 친구가 있다. 이 시간에 충실해지자. 함께할 수 있는 친구가 있음은 행복이다. 나이가 많다고 주저하지 말자. 숫자에 불과한 나이에서 벗어나 남은 시각에 열정을 쏟아보자.

미원 종점에서 수목원을 갈까 하다가 발길을 돌려 걷기로 했다. 한적한 산, 내, 들, 둑 위에는 봄꽃을 지우고 곱게 물들인 벚나무 잎이 막바지 햇살에 마지막 빛을 발산하고 있었다. 잠깐 사이 어둑어둑 땅거미가 지는 들길은 한산했다. 산골의 어둠이 도심보다 훨씬 빨리 짙어지는 것을 느낄 수 있었다. 조용히 흐르는 물소리는 평화롭게 해주고 아직 가을걷이가 끝나지 않은 들녘은 풍요롭다.

저녁 바람이 약간 차다고 느끼는 것은 핑계일까? 다리를 건너 논둑을 지나고 산모퉁이를 돌아 지난 이야기도 하고, 학교생활도 이야기하며 우린 그렇게 걸었다. 슬그머니 손을 잡았다. 잡힌 손을 차마 빼지 못했다. 그렇게 연인 흉내를 내고 싶었거나 이성친구를 만난 마음의 변화였는지도 모른다.

땅거미가 지고 점점 사물이 흐릿해질 즈음 저녁 식사를 하기 위해 가던 길을 돌아 나왔다. 작은 읍내의 한산한 거리는 불빛으로 장식한 화려한 도심지와는 너무 대조적이었다. 빠르게 어둠 속으로 빨려들어갔다.

그는 몇 년 전 아내를 잃었다. "우리 친구가 되면 안 될까?" 교실을 왔다 갔다 하기를 몇 번 간신히 이 말을 하는 그를 보며 동정심 같은 게 생겼다. "우린 친구잖아요." 오래전부터 친구였음을 애써 강조하고 있었다. 입학과 졸업을 함께 했으니 무언가 통할 것 같기도 한데 학교 때와는 또 다른 서먹함이 있었다.

친구를 하자며 가까워질 수 없이 수줍었던 사람, 어리석을 정도로 순진한 이 사람을 누구보다 믿을 수 있다고 생각했기에 나 또한 친구로 만들고 싶었다. 그럴 자신이 있다고 생각했다. 그러나 친구 하자는 말만 던져놓고 차 한 잔 마실 여유가 없었다. 데이트도 영화관람 한 편을 보지 못했다. 시간만 나면 고향으로 감 따러 가고, 벼 베러 가고, 자식들의 눈치가 보이고, 일상의 어떤 것에서도 헤어나지 못하고 있는 구제 불능인 사람이다. 돈도 시간도 이제는 모든 걸 자신을 위해서 투자해야 할 때라고 강조했지만 "그려유." 촌스러운 대답뿐 어떤 변화도 없었다. '넌 아니야, 내 친구가 될 수 없어. 자신을 위해서 살지 못하고 자신을 사랑할 줄 모르는 너 같은 바보랑은 친구가 될 수 없어.' 내 마음의 소리였다.

얼마간의 시간이 흐른 후 문자가 왔다. "큰 병에 걸려서 지금은 그렇고 다 나으면 밥이라도 함께합시다. 미안합니다. 폐암이 머리끝까지 전이가 되었다네요."라며 밥 한 번 사 주지 못한 게 걸리는가 보다. 죽음에 가까울수록 삶에 대한 애착이 더 커지나 보다. '다 나으면'이라는 단어가 참으로 마음 아프게 한다. 그리고 얼마 후 그가 세상을 떠났다는 말을 선배에게서 들었다. 예고 없는 죽음, 죽음은 순서도 없다는데 내게 주어진 한순간도 헛되지 않았으면 좋겠다. 매 순간 가장 소중하게 한순간도 후회 없이 살다 가고 싶다.

문경새재를 오르며

어제 내린 비로 문경새재의 공기가 더없이 신선하고 상큼하다. 함께 산행하는 친구들 또한 날씨만큼이나 밝고 고왔다. 지난해 동창 모임에서 제주도 여행을 하면서 일 년에 두 번, 봄 가을에 여행하기로 했다. 일상에 길들어진 삶에서의 일탈은 재충전의 기회인지라 모두 반긴다. 언제 나이를 먹었느냐는 듯 여고 시절로 돌아가 웃고 즐길 수 있다.

산책로에는 벚꽃이 산수화를 그려 놓은 듯 아름답다. 수술후 유증으로 자꾸 뒤처지는 나를 위해 보폭을 줄어가며 함께 걷는 친구들에게 미안하고 한편으론 고마웠다. 먼저 가라는 내 말에 빨리 가는 것만이 능사가 아니라며 한 친구가 발걸음을 맞추며 정담을 나눈다. 천천히 걷다 보니 자연스레 전에 못 보던 풍광이 눈에 들어온다. 아름다운 곳에서는 잠시 걸음을 멈추고 사진에 담는다. 곳곳에 만들어 놓은 정자에 앉아 쉬며 과거 보러 오르던 선인들을 떠올려보기도 한다.

예전에는 앞사람에게 뒤처질세라 주변을 제대로 살필 겨를도 없이 따라가는 데만 온 신경을 썼다. 하지만 오늘은 유유자적하며 여유로운 산행을 하노라니 지금까지 보지 못했던 것들이 눈에 들어오기 시작했다. 곧 떨어져 나갈듯한 기암절벽에 뿌리를 내린 나무들의 삶이 꿋꿋해 보인다. 우리가 부모를 선택하여 태어날 수 없듯 저 열악한 환경에서 어쩔 수 없이 뿌리를 내리고 몸을 키우자니 얼마나 힘들었을까. 저 열악한 곳에 뿌리를 내리고 장착하고 싶었겠는가. 식물이나 사람이나 다 마찬가지가 아닐까? 그런 마음으로 나무를 보니 어려운 가정에서 태어나 힘들고 어려운 역경을 딛고 성공한 사람처럼 어떤 조건에서든 적응

하고 이겨내며 강인하게 사는 저 소나무처럼 살아야겠다는 생각을 한다.

지나는 사람들이 쌓아놓은 돌탑은 수많은 사연을 안고 묵묵히 우리를 바라보고 있다. "우리도 한 개 올려놓자." 주변에서 돌을 찾았다. 돌을 올려놓으며 내 몸의 아픔도 함께 담았다. 이만큼이라도 걸을 수 있음에 감사하는 마음으로 흔적을 남기고 싶었다.

쏟아지는 폭포 소리에 산새 소리가 더해지니 자연 속의 아름다운 화음이 된다. 산중 폭포에 매료된 발길이 절로 머문다. 어느새 나는 여고생이 되어 감탄사를 연발하며 셔터를 누른다. 사진 속의 새 소리, 물소리는 나만 들을 수 있으리라.

나무 틈새에 뿌리를 내리고 살짝 고개를 내민 야생화 현호색이다. 꽃을 품은 굴참나무와 묘한 공존이다. 아름드리 늙은 소나무 뿌리가 껍질이 벗겨진 채 드러나 있다. 사방으로 뻗어간 뿌리를 보니 '너도 참 치열하게 살려고 애를 쓰고 있구나.'

어디선가 색소폰 소리가 들려온다. 만남의 장소가 가까워졌다는 징조다. 색소폰 소리를 따라 숲 속으로 들어가 보니 동화 속의 그림 같은 집 야외에 놓인 탁자와 의자가 정겹다. 부부가 알콩달콩 서로 의지하며 장사하는 모습이 우리를 편안하게 해 준다. 이집 주인인 지긋한 나이의 연주가는 우리가 운이 좋았다며 자주 나와서 하는 연주가 아닌데 오늘은 특별히 나왔다고 한다. 듣고 싶은 게 있으면 신청하라고 하면서도 알아서 우리 나이에 걸맞은 성인가요를 구성지게 연주해주었다.

〈숨어 우는 바람 소리〉를 연주하자 내가 즐겨 부르는 노래인 줄 알고 친구들이 불러 보라고 성화를 대지만 힘에 부쳐 부를 수 없다. 감자지짐이와 특산물인 오미자 막걸리를 시켰다. 노란 양재기 잔을 치켜들고 '이대로, 영원히'를 외치며 먹는 술맛은 가히 일품이었다.

대학 1학년 때 친구 몇 명과 총동문회에 참석을 한 적이 있다. 머리가 하얗게 센 할머니들이 이름을 부르기도 하고 "야, 이 계집애야."라고 스스럼없이 하는 이야기가 너무도 자연스러웠다. 어린애처럼 웃고 떠드는 대선배들 모습이 너무 생소했다. 지금 우리가 그들보다 더 많은 나이임에도 똑같이 하고 있는 걸 보며 동창이란 역시 이런 거구나 느끼게 된다.

사회에서 사귄 친구와 이웃은 이사하거나 멀어지면 잊히기 마련이다. 학교 친구는 언제나 스스럼이 없고 편안하며 속내를 드러내고 얘기할 수 있다. 졸업한 지 40여 년의 긴 세월이 흘러갔어도 우리의 행동은 여고 시절 그때의 모습이다. 동창이란 얼마나 좋은 것인가. 마음은 오늘도 여고 시절로 돌아간다.

그분이 그립다

오늘은 칭찬해 주고 싶다. 늘 가슴으로 느끼고 생각했던 말 왜 그렇게 칭찬에 인색했는지. 20여 년 전 처음 그분을 만났을 때 나는 그를 속속들이 알지 못했다. 첫 만남이 보통사람과는 다르다는 것밖에 '어찌 저런 사람이 있을까?' 조금 이상하게 생각했다.

도대체 분수도 없고 체면도 없는 사람 같았다. 음식점에 가면 남기면 안 된다며 추가로 시키는 것조차 맘대로 하지 못하게 했다. 남은 음식을 싸서 가지고 오며(그땐 남은 음식을 싸 주지 않았다.) 음식을 함부로 버리면 죽어서 버린 사람이 그만큼 주워 먹어야 한다며 함부로 버리지도 못하게 하였다. 요즘 들어 물자가 풍부하고 살기 좋게 되었다고 음식이나 물건을 쉽게 버리지만 아끼고 재활용하는 데 남달랐다. 본받아야 할 일이 참 많은 그분이다.

길을 가다가 버려진 휴지, 쓰레기를 줍는 작은 수고도 아들 신부님을 위한 일로 여긴다. 작은 봉사로부터 시작하여 힘든 봉사도 어렵게 생각하지 않고 행동으로 보여준 봉사 정신이 나를 무안하게 했다. 가장 겸손한 모습으로 남들이 꺼리는 일도 앞장서 한다. 죄짓는 일이 아니라면 부끄러울 것이 없다며 세상에 물들지 않고 소신껏 살아가는 분이다. 남들이 꺼리는 일도 앞장서고 불쌍한 이웃을 위해 가진 것을 아낌없이 나눌 줄 아는 분이다.

몸이 아파 병원에 입원을 하고 계속 약을 복용하면서도 무료 급식소며 봉사를 필요로 하는 곳이면 그분은 언제나 찾아간다. 성모 꽃마을 암 병동에서 밤새워 환자를 돌보다가 아침에야 돌아오기를 수년 해왔다. 천주교에서 그 어려운 봉사상을 받을 수 있었음은 그분의 사심 없는 훌륭한 봉사 정신덕분이다.

오늘은 그분에게 정말 칭찬의 말을 꼭 전하고 싶다. 솔직히 처음 만났을 때 정말 '분수도 체면도 없는 사람 같다.'는 생각을 했다. 세상에 물들지 않고 어린아이같이 순박한 그분을 긴 시간이 지나 가까워지고 깊어져서야 알 수 있었다.

참된 사람, 진솔한 사람. 신부님이 된 아들을 위해서 가장 낮은 자세로 더 겸손하고, 아낌없이 봉사하는 의무감? 아니 책임감으로 일을 했을까? 때로 그의 모습이 아름다워 흉내라도 내 보려 하지만 그의 반도 따르지 못했다. 나는 아무래도 핑계를 대며 몸을 사리고, 세속의 일에 더 관심이 많았다. 이기심을 아주 버릴 수가 없다.

그런 그분이 갑자기 하늘나라로 선종했다는 문자가 왔다. 정말 놀랐다. 어제도 봉사를 했고, 멀쩡했었는데 도저히 믿기지가 않았다. 평소 지병이 있던 그는 늘 죽음의 준비를 하고 살았다. 함께 봉사하는 사람들에게 "혹시 내가 봉사시간이 되어도 오지 않으면 내 식구에게 연락 좀 해 줘요." 말없이 봉사시간에 안 오는 일이 없으니. 죽음을 두려워하기보다는 언제 어느 때 갈지 모르니 혼자 살면서 행여 연락이라도 되지 않을까 봐 미리 부탁을 한 것이다. 어쩜 시간이 돼도 오지 않으니 며느리에게 연락하여 집에 가 보았을 때는 봉사에 나갈 채비를 하고 잠자듯이 누워 있었다고.

정승의 집에 개가 죽어도 사람이 많지만, 정작 정승이 죽으면 조문객이 없다는 말은 헛말에 불과하다. 그녀의 영안실엔 참으로 많은 사람이 끊임없이 찾아왔다. 기다렸다 연도를 해야 했다. 마지막 가는 길은 엄숙했고, '죽어야 그 사람의 인품을 알 수 있다.'는 말처럼 많은 조문객들을 보며 그분의 인품을 알 수 있었다.

그분을 알게 된 것만도 내겐 행운이었다. 마음이 갈팡질팡 어려운 문제가 있을 때면 그에게 자문하곤 했었는데, 틀림없이 천당에 가 있을 그에게 이젠 하늘 향해 물어봐야 할까?

사랑했던 그분의 평안한 안식을 두 손 모아 기도한다.

변양섭의 수필문학

디지털 시대에 아날로그 감성을

조성호 수필가

■ 변양섭의 수필문학

디지털 시대에 아날로그 감성을

조성호 수필가

무서운 속도로 질주하고 있는 과학이 앞서가는 시대에 우리 인문학은 굼뜨고 침체되고 인기도 없이 방황하고 있다. 근래 여러 대학에서 국어국문학과를 비롯한 여러 인문학과를 아예 없앤다고 하여 시끌시끌하기도 했다. 문학에서도 소설, 시, 희곡이 대체로 관심도가 더욱 적어지고 문학에 대한 접근도가 수월한 수필, 산문이 그나마 독자층을 형성하는 편이긴 하다. 고전에 대한 이해력에 기울이는 노력이 이 험한 시대를 살아가는 이들에겐 힘에 겨울 수 있다. 취업과 생업에 별 도움이 되지 않을지 모르지만 그러나 얼마 동안은 계속 필수 불가결이다.

활자 문화가 퇴색될 것을 예고한 백남준이 화려한 비디오 영상을 접목하며 세계적인 작가가 되었는데 그의 작품은 의외로 그 바탕에 고전적 문학과 예술이 잠재하고 있다. 일본과 독일, 미국 등 나라의 경계를 허물어뜨리며 일으켜 세운 첨단 예술 세계에는 그래도 우리의 문학과 예술이 깔려 있다. 아리랑과 굿판, 우리 악기, 춤사위, 부처, 우리 문양, 한문, 한글, 거북, 거북선 등이 들어 있는 비디오 작품이나 판화에서 그의 기저에는 역시 우리 문화를 살리고 우리의 아날로그 감성이 숨어 있다.

아날로그 감성

근래에는 가장 새롭고 참신한 감각적인, 또는 출생의 비밀이니 불륜 따위 막장 드라마가 판치는 텔레비전 드라마 시청자들에게 〈응답하라 1988〉이란 옛날 감성을 자아내는 드라마가 엉뚱하게도 폭발적인 인기를 누렸다. 시골 각처에서 모여들어 서울 변두리 동네를 이룬 곳에서 이웃과 서로 끈끈한 인정을 나누는 장면이 많은 시청자의 공감을 샀던가 보다. 1980년대 정치적으로는 불행했던 시대 배경에, 가난했으나 서로 위로하고 격려하며 살아가는 정경은 상당한 공감을 주고 회상에 젖게 했다.

그때는 그랬지, 하는 회고 취미를 즐기게 했다.

향수, 어머니, 신변잡기…. 이런 소재로 수필을 쓴다면 수필로서는 너무 흔한 이야기에다가 독자에게 신선한 감각을 선사하기 힘들기 때문이어서 여간 잘 쓰지 않고는 감동을 줄 수 없다. 그런데 수필가 변양섭은 고향과 어머니, 가족, 남편, 추억거리, 취미 생활, 종교 범주에서 벗어나지 못하면서도 이를 자신의 경험을 살려 작품으로 잘 살리고 있다. 지금은 모두들 이런 매력 없는 이야기들을 벗어나려 하고 진부하다고 쓰길 꺼려하긴 하나 하긴 이런 것들이 수필의 속성이어서 얼마나 글을 맛깔스럽게, 자연스럽게, 새로운 시각으로 접근하는가 하는 문제를 해결한다면 좋은 수필감이 된다. 점점 각박하여가는 이 시대에 따스한 인심과 넉넉한 자연의 품이 그나마 수필로써 감동을 주어야 할 일이다.

고향 찬가

작가는 툭하면 삶의 근거지 도심에서 벗어나 쪼르르 고향으로 뛰쳐나간다. 깊은 병에 걸릴 때마다 그리운 이를 그리워할 때마다 고향을 찾아 위로를 받는다. 맑은 시냇물 소리, 새소리, '와랑와랑' 들리던 탈곡기 소리, 아이들 울음 들이 다 사라지고 이제는 고향이 타향처럼 낯설다. '고향에 고향에 돌아와도/ 그리던 고향은 아니러뇨' 정지용의 노래처럼 세월의 흐름만큼 고향도 변해 있다.

> 나이가 들어가니 왜 그리 그리워지는 게 많은지 모르겠다. 성치 않은 몸으로 병실에 있을 때는 더욱 그랬다. 고향이 그리웠다. 사실 고향만 그리운 게 아니었다. 어머니가 그리웠고 들녘을 누비며 함께 뛰놀던 옛 친구가 자꾸만 눈에 밟혔다. 맑은 시냇물도 그립고 뒷산의 노송도 보고 싶다.
>
> 얼마 전 찾아간 고향은 이미 예전의 고향이 아니었다. 졸졸 흐르던 시냇물은 보를 막아놓았다. 고인 물은 금방이라도 악취가 풍길 듯 오염돼 있었고, 드러내놓은 밑바닥은 풀만 무성했다. 예나 지금이나 같을 것으로 생각했던 뒷동산도 많이 낮아져 있다는 느낌이 든다. 내 성장의 크기에 반비례하여.
>
> —〈사라져 가는 것들〉 중에서

'유년의 아스라한 추억은 점점 기억에서 멀어져 간다. 고향도 예전의 모습이 아니다.'고 안타까워한다. 농부도 쟁기도 소도 보이지 않고 우물이며 옹달샘에서 찬 샘물을 물동이에 담아 똬리로 받치고 가던 아낙의 모습도 볼 수 없다며 서운해 한다.

만추의 계절 속에 옛 생각이 나 고향을 찾았다. 고향의 가을 정취에 흠뻑 취하고 싶었다. 내 마음 안에 남겨진 향수 같은 것을 캐내고, 철 지난 냉이라도 캐고 싶었다. 무언가 남아 있는 것들을 가을걷이하고 싶었다….

내 앞에 의외의 광경이 보인다. 내 키보다 더 큰 들깻대, 열매는 하나도 보이지 않고 잎만 무성하다. 이건 뭐야, 열매 맺을 생각도 하지 않고. 왜 이렇지? 그 옆에 있는 콩도 열매는 없고 푸른 잎만 수북하다. "애들은 왜 이래?" 가로등 때문이란다. 낮이고 밤이고 불빛을 받아서 열매 맺을 겨를도 없이 키만 큰다는 것이다. 식물도 사람처럼 낮과 밤을 주어야 생체 리듬을 타는데. 잠을 자고 쉴 수 있는 시간이 필요한데….

참 우리 인간은 순리를 저버리는 일을 많이 하고 있다. 문명의 발달로 이렇게 식물이 낮과 밤을 구별하지 못해 열매를 맺지 못하게 만든다. 알을 많이 낳게 한다고 밤에도 양계장에 불을 밝힌다. 유전자 조작으로 옥수수며 콩, 호박 등 과일도 크게 많이 생산하는 데만 골똘한다. 멀쩡한 산을 깎아 건물을 세우고, 골프장을 만들어 농부들의 마음을 아프게 하고, 잘 흘러가는 물줄기를 바꾸어 재앙을 자초하기도 한다.

—〈열매 맺지 못한 들깨〉 중에서

작가는 아무리 초라하여지고 변질되어도 고향을 누구보다 열렬히 사랑한다. 잊혀가는 것에 애정을 쏟아 붓고 사라지는 것을 안타까워한다. 그는 본능적으로 어릴 적부터 익혔던 전통적인 재래의 민속 가치를 지키고자 한다. 홑청을 시치고, 쑥을 뜯어 송편 빚기를 좋아하고, 갓김치며 파김치, 총각김치, 동치미 등 김장 담그기를 즐긴다. 우리 민속인 정월 대보름이며 제사도 챙긴다. 가족의 화합을 위해서도, 자녀들 입맛에 맞는 김치를 만든다. 손주들에게도 치킨과 피자보다도 백숙이나 된장국, 송편과 인절미를 먹도록 만들어 주기를 즐기는 시골 할머니다.

힘은 들지만, 공연히 어깨가 으쓱해지며 흐뭇하기도 하다. 이것이 사랑이고 행복이라 생각하고 내가 힘 있을 때까지는 지금처럼 할 것이다.

김장을 모두 함께하는 행복, 배추처럼 옹골차게 꽉 찬 가족 사랑, 함께 모여서 음식을 하는 공동체 행사가 큰 가족애를 만들고 있다. 서로 사랑하며 비둘기처럼 모여 머리를 맞대고 담그는 김장, 이 맛이야말로 진정 달콤한 사랑의 맛이다.

—〈김치 담그는 날〉 중에서

천생 교사

변영섭은 천생 교사다. 아버지와 오빠, 동생도 교사인 교육자 집안이어서 모범적인 착실한 선생님이다. 남편도 성실한 교사였다. 고지식하고 잔소리를 하며 남을 가르치는 선생의 입장에서 사물을 보고 글을 쓰다 보니 자연 재미있고 자유분방한 수필이 나오기 쉽지 않을 수 있다. 실수와 일탈의 연속이 독자의 입장에선 흥미를 주는데. 위트와 유머가 수필에선 필수인데 이런 양념에 유의할 일이다.

교직 생활 중의 회상이나 퇴임 후에도 노인들에게 한글 교육 봉사를 하면서도 사명감을 가지고 그들의 불편 해소뿐 아니라 시와 수필을 쓰도록 이끈다. 시골 학교에서 기간제 교사로 근무하며 보람을 찾던 경우는 누가 보아도 제자 사랑이 지극했다.

이별이 서러워 우는 아이들의 순진한 송별식을 받았다니!

이 작은 학교는 결손 가정이 많았다. 일이 힘들어 가출한 어머니도 있었고, 경제가 어려워 부모가 다 도회지로 나가고 조부모 밑에서 크는 아이도 있었다. 사랑의 굶주림, 사랑이 그리운 아이들에게 따듯한 사랑을 줄 수밖에 없다. 누구라도 그랬을 것 같다.

선생님마다 '말썽꾸러기 아이들에게 어떻게 사랑을 주셨기에 아이들이 활기에 넘치느냐?'고들 한다. 모든 아이가 다 내 아이 같은 착각에 나이 먹을수록 더 귀엽고 따스한 마음을 전달해줄 수 있었기 때문이 아닐까?

—〈오월의 그리움〉 중에서

남편의 제자들에게도 사랑을 듬뿍 주며 남편의 뒷바라지를 회상한 장면이 인상적이다. 남편과 사별한 후에도 학교 동문 체육대회에 초대받아 간 이야기는 짙은 감동을 준다. 인정 어린 순박한 정성이 돋보인다.

점심을 맛있게 먹으며 지난 이야기로 시간 가는 줄 몰랐다.

어떤 아이는 "보온 도시락을 싸 주셔서 고마웠어요." 또 갑자기 폭우가 쏟아져 물이 길까지 넘쳤을 때 업어 건네준 이야기, 우리 가족 나들이에 눈치 없이 따라 다녔던 지난날을 그리워하고 있었다. 집에 놀러 와서는 아프다며 하룻밤을 자고 간 아이, "약을 사다 주고 걱정해 줬던 그땐 정말 부모님처럼 고마웠어요. 이제 와 생각해 보면 너무 철부지였어요."라며 지난 옛 이야기들이 현실처럼 줄줄 나오고 있었다.

—〈30여 년 전의 이야기〉 중에서

〈남편이 남기고 간 딸〉은 제목이 상당한 호기심을 자아낸다. 죽은 남편이 무슨 외도를 한 듯한 오해를 불러일으키는데 부부가 가난한 여자 모범생을 학력고사를 앞두고 몇 달간 숙식을 감수했다는 이야기는 대단한 스토리텔링이다. 졸업 후 원하던 대학에 가고 졸업 후 직장도 가지고 남편이 죽은 후에도 고마움을 잊지 않고 찾아오며 선물도 하며 친딸처럼 군다.

저녁을 먹으러 가며 그녀는 내 팔에 자연스럽게 팔짱을 낀다. 좀 쑥스럽기도 하고 어쩐지 어색했지만, 손을 놓을 수가 없었다. 내 딸하고도 아니 누구와도 손을 잡거나 팔짱을 끼지 않는 나다. 그건 나의 오랜 습관이다. 잔정이 부족하거나 고리타분한 내 성격 탓인지도 모른다. 나이 들며 사진 찍기를 좋아하지 않는 나에게 다가와 얼굴을 맞대고 스마트폰에 웃는 모습을 담았다. 그녀는 그렇게 정을 듬뿍 쌓으며 살갑게 굴었다…..

남편은 이렇게 나에게 좋은 인연을 만들어 당신 없는 외로움을 달래주고 있나 보다. '친정엄마 같은 따스한 사랑 안고 갑니다. 식사 잘하시고 건강히 지내세요. 사랑하고 또 사랑합니다.'라고 보낸 딸의 문자를 보고 또 본다.

—〈남편이 남기고 간 딸〉 중에서

폭 넓은 관심, 푸짐한 인간미

변양섭 수필가는 다양한 방면에 재능이 있고 주위에 많은 인간 관계를 맺고 있어 수필가로서 기본 자세가 되어 있다. 다만 문장 수업을 더 하고 철학적 사고력을 키운다면 훌륭한 작품을 많이 만들 것이다. 앞에서 말한 유머와 위트가 절절히 배어 독자에게도 재미있을 글을 고대한다.

글의 도처에 '행복'을 표현하듯 많은 사람들에게 긍정적 사고방식을 전파하고 돈독한 신앙심을 살리고 부지런한 생활인으로

서 이제 시작하는 기분으로 글쓰기를 갈고 닦으리라 본다.

다양한 취미생활과 가족 사랑, 이웃 사랑, 봉사와 헌신은 그의 가장 큰 덕목이고 행복을 누릴 충분한 자격을 갖추고 있다. 아픔을 이겨낸 사람만이 누릴 수 있는 구원의 길을 변양섭은 알고 있다.

아무리 현대가 사람이 알파고와 바둑 대결을 펼치면서 힘겨워하고, 디지털 지능이 발달하여 로봇이 홀로 사는 사람 대화 상대가 될 수밖에 없는 시대가 될수록 예전 아날로그의 감성을 더욱 키울 일이다. 변양섭 수필가는 자신의 특기를 더욱 살려 글에서도 충분히 그런 능력을 발휘하리라 믿는다.

변양섭 수필집
열매 맺지 못한 들깨

인쇄 2017년 12월 1일
발행 2017년 12월 10일

지은이 변양섭
발행인 서정환
펴낸곳 수필과비평사
주소 서울시 종로구 삼일대로 32길 36(익선동 30-6 운현신화타워 빌딩) 305호
전화 (02) 3675-3885, (063) 275-4000 · 0484
팩스 (063) 274-3131
이메일 sina321@hanmail.netessay321@hanmail.net
출판등록 제300-2013-133호
인쇄 · 제본 신아출판사

ISBN 979-11-5933-141-1 03810

값 13,000원

이 도서의 국립중앙도서관 출판예정도서목록(CIP)은 서지정보유통지원시스템 홈페이지(http://seoji.nl.go.kr)와 국가자료공동목록시스템(http://www.nl.go.kr/kolisnet)에서 이용하실 수 있습니다.(CIP제어번호:CIP2017033422)

Printed in KOREA

이책은 충북문화재단 의 문예진흥기금 지원금을 받아 제작하였습니다